刘旭　陈晨　张瑞亭◎编著

科学课程

典型案例分析

知识产权出版社

全国百佳图书出版单位

——北京——

图书在版编目（CIP）数据

科学课程典型案例分析 / 刘旭, 陈晨, 张瑞亭编著. — 北京 : 知识产权出版社, 2020.10
ISBN 978-7-5130-7168-0

Ⅰ. ①科… Ⅱ. ①刘… ②陈… ③张… Ⅲ. ①科学知识 – 教案(教育) – 中小学 Ⅳ. ①G633.72

中国版本图书馆CIP数据核字（2020）第174010号

内容提要

本书以贯通培养项目基础教育阶段为背景,充分分析了目前贯通培养项目科学类课程的学生学情及教学现状,并进行总结和反思。结合教学实践,对科学类课程中的典型案例进行设计和分析,以求丰富学生科学知识、提高学生科学素养,为实现"国际化、高水平、创新型、复合型"的人才培养目标奠定基础。

本书可为贯通培养项目基础教育阶段科学类课程的教学设计提供参考。

责任编辑：王　辉　　　　　　　　　　　　　　责任印制：孙婷婷

科学课程典型案例分析
KEXUE KECHENG DIANXING ANLI FENXI

刘　旭　陈　晨　张瑞亭　编著

出版发行：知识产权出版社有限责任公司	网　　址：http://www.ipph.cn
电　话：010 – 82004826	http://www.laichushu.com
社　　址：北京市海淀区气象路50号院	邮　　编：100081
责编电话：010 – 82000860转8381	责编邮箱：laichushu@cnipr.com
发行电话：010 – 82000860转8101	发行传真：010 – 82000893
印　　刷：北京中献拓方科技发展有限公司	经　　销：各大网上书店、新华书店及相关专业书店
开　　本：700mm×1000mm　1/16	印　　张：11.25
版　　次：2020年10月第1版	印　　次：2020年10月第1次印刷
字　　数：200千字	定　　价：52.00元

ISBN 978 – 7 – 5130 – 7168 – 0

前　言

为贯彻《国务院关于加快发展现代职业教育的决定》(国发(2014)19号),深入推进教育领域改革,适应首都经济社会发展和产业结构升级,搭建培养具有高端职业技术技能人才的"立交桥",北京市教委打破了中考的固有机制体制,首次创新性地提出了高端技术技能人才贯通培养项目(以下简称"贯通培养项目")。该项目采用"2+3+2"七年贯通制的人才培养模式,分别利用2年、3年和2年的时间完成普通高中基础阶段教育、高等职业阶段教育和对接的本科阶段教育。该项目整合融通了各级各类优质教育资源,探索了优质高效育人的教育发展新模式,增强了职业教育对首都经济社会发展的贡献力和影响力;并要求改革专业设置,调整教学计划,全面加强校企合作,培养高端技术技能人才,为学生成长成才提供了更多更好的发展机会。

贯通培养项目要求培养学生具有"国际化"的视野,具有较宽的知识面和高端的职业技术技能,坚持立德树人、全面发展,注重素质教育。这就要求在整个教育阶段不断地培养和加强学生的科学素养、人文素养和职业素养。

广义的"素养",指的是由训练和实践而获得的一种修养。《汉书·李寻传》中有云:"马不伏历,不可以趋道;士不素养,不可以重国。"可见,素养是指一个人的修习涵养,是一个人在品德、知识、才能和体格等诸方面的先天条件和后天的学习与锻炼的综合结果。

"科学素养"一词,是由美国的学者赫德于1958年率先提出并应用于基础教育领域,他认为科学素养是指个人对科学的理解。我们可以看到,"科学素养"的"养"作为一个动词,它更注重动态的生成过程及效果,更反映出学生在学习过程中持续得到的滋补,包括教师的教育、训练,也包括学生的自我学习。20世纪80年代,美国科学促进委员会为致力于中小学课程改革而制订了"2061计划",在《面向全体美国人》这一著作中,提到"科学素养包括数学、技术、自然科学和社会科学等许多方面,这些方面包括:熟悉自然界、尊重自然界的统一性;懂得科学、数学和技术相互依赖的一些重要方法;了解科学的一些重大概念和原理;有科学思维的能力;认识到科学、数学和技术是人类共同的事业,认识它们的长处和局限性。同时,还应该运用科学知识和思维方法处理个人和社会问题。"如今,科学素养作为素养教育的组成部分,已经成为当代人才竞争,尤其是高端技术技能人才竞争的一个重要指标。

科学素养可以从不同的层面来理解,学校的科学课程是基础文化课程的重要组成部分,是培养学生科学素养最直接、最有效的途径之一。

然而,传统普通高中的科学文化课由于其面向高考,知识性强而实用性弱,已经不再适用于贯通培养项目这一新兴教学体系,各项目院校也都在实践中摸索更加贴合本项目的教学目标、教学内容、教学实施策略、教学评价等。这样的背景驱使编者完成了此书的编著。

本书共分为两个部分。第一部分对贯通培养项目进行了介绍,对现行的科学课程的学情进行分析,调研了科学课程的教学现状,并对现行的科学课程进行总结和反思。第二部分分学科设计并分析了科学课程的典型案例,也是本书的重点部分。需要说明的是,本书中,对于"科学"的理解,一般是指自然经验的集合,也就是人们通常理解的概念、公式、定理等科学知识,从学科划界的意义上来说,是指近代西方科学革命以来产生的,以数理和实验为特征的科学,也就是我们说的自然科学,不包括社会科学、人文科学等。本书所述的"科学课程"是指自然科学进入到学校的课程,指高端技术技能人才贯通培养项目开设的物理、化学、生物课程。

本书可为贯通培养项目基础教育阶段科学类课程的教学设计提供参考。

由于编者经验水平有限,不免有疏漏不当之处,欢迎各位同行前辈广大读者批评指正。

编者

2019 年 10 月

目　录

第一部分

高端技术技能人才贯通培养项目

科学课程简介

一、高端技术技能人才贯通培养项目

（一）高端技术技能人才培养是国家战略实施的基础

2015年5月8日，国务院发布了《中国制造2025》，这是我国制造强国战略开始实施的第一个十年行动纲领。不但强调制造业是立国之本、兴国之器、强国之基，也正视了我国制造业大而不强，在自主创新能力、资源、效率、产业结构水平等方面存在明显差距。为此，国办发2015年第48号文提出："国务院决定成立国家制造强国建设领导小组，主要职责是统筹协调国家制造强国建设全局性工作。""中国制造2025"是制造业由大转强的政策代名词，在制造强国战略升级的新形势下，制造业对技术技能人才提出了新的需求：需要能够掌握运用新型技术、核心技术的高端技术技能人才；能够根据产业需要不断自我更新知识储备与技能体系的专业化、专家化技术技能人才；能够进行技术技能研发的高端人才。贯通培养项目应不断提高学生的综合素质，培养学生的创新意识、创造能力；提升学生理论联系实际的能力；加强学生的应变能力；增强学生的环境适应能力；培养学生的协同合作能力。只有这样，才能适应制造强国战略对人才的需要。

高端技术技能人才培养是实施"一带一路"倡议构想的需要。2014年11月，习近平总书记首先提出"一带一路"的倡议构想，提出要在已有基础上推动沿线国家实现发展战略的相互对接、优势互补。当前，"一带一路"的发展瓶颈不是资金而是人才，尤其是高端技术技能人才的缺乏正是西部发展、丝绸之路经济带建设的重大制约。因而人才培养成为"一带一路"建设的基础任务。以与"一带一路"关系密切的亚洲基础设施投资银行为例，随着亚洲基础设施投资银行受关注度不断提高，企业对国际化高端金融人才的需求日益旺盛。贯通培养项目能够着眼未来、结合专业需求，培养推动"一带一路"倡议落实、适应"一带一路"倡议需要的高端技术技能人才。

高端技术技能人才培养是实施京津冀一体化区域发展战略的需要。京津冀一体化战略是区域协同发展、资源共享的重要战略,对三地产业结构的变化提出了新构想:发展先进制造业、做强现代服务业。京津冀的一体化首先是人才一体化,这对技术人才尤其是高端技术技能人才的数量及质量提出了更高的要求。贯通培养项目能够立足北京,培养区域协同发展所需要的各类高端技术技能人才。

(二)高端技术技能人才培养是社会经济发展的支撑

2014年起,随着机器人和人工智能日益受到重视,"机器人是否能取代人类?"成为全球热议的敏感话题。就现实而言,机器人和人工智能确实将极大冲击人才市场,尤其是初级人才市场。2013年年底,牛津大学研究认为:自动化技术将在未来20年冲击近半数美国劳动力市场;2014年11月,牛津大学与德勤公司发布联合研究报告,称自动化技术将在未来20年冲击30%的英国劳动力市场。两项研究的相似之处在于:无论是美国还是英国劳动力市场,受自动化技术影响最大的都是低技能劳动力与低技术人才。当前,我国逐渐从劳动密集型产业向技术密集型产业转型。随着劳动力成本的上涨,低端制造业已经不断向人工成本更为便宜的印度、越南等国转移。初级技术人才明显已经不符合社会经济发展趋势,不再是我国人才需求的重点。而高端技术技能人才市场供不应求。一方面,我国正在经历从投资驱动型经济向消费主导型经济的转型。服务业和知识密集型制造业呈现迅猛的增长势头,经济结构转型、产业升级的新常态推动了对高端技术技能人才的需求。2020年,在我国高端技术技能人才市场,将有2400万人的供应缺口,如果该缺口未能补足,我国将损失2500亿美元,相当于GDP的2.3%。另一方面,"西方职业带理论(Occupational spectrum)认为,不同工程技术人才的知识技能结构差异可用一个连续的职业带表述,从而划分为技术工人、技术员和工程师三个系列,技术升级促使职业带中不同类型技术人才的结构与分布随之演化并向右移动(提升)"。职业院校培养的就一定是技术工人吗?显然,按照职业带理论的观点,这是对职业院校人才培养的误读。技术技能人才并非单一概念,它有着复合型内涵:包括初级、中级、高级技术技能人才以及技术技能研发人员。我国社会正处于经济结构转型、产业结构升级的关键时期,初级、中级的技术技能人才已不能满足发展的需要。职业院校学生缺乏技术技能的应用转化能力、缺少职业发展能力并不鲜见,这不符合高端技术技能人才的基本标准,造成了社会需求与职业院校毕业生供给的结构化失衡,导致高端技术技能人才数量的相对减少。贯通培养项目是中国职业教育人希望在全球化进程中实现人才与经济社会同步前进的一剂良方。

(三)高端技术技能人才培养是学生个体价值实现的保障

2011年修订的《国际教育标准分类》中,专科或短期教育为高等教育5级~8级中的第5级,但这并不能改变高等职业教育三年学制的现状。按照教育部2006年第16号文件要求,"高等职业院校要保证在校生至少有半年时间到企业等用人单位顶岗实习"。这使得高职院校学生在校学习知识与技能的时间较普通高校学生短得多。2007年,教育部下发的《关于进一步做好高等学校各类招生管理工作的通知》中规定五年制高职、中职对口升高职及普通专升本的比例均不得超过5%,导致中职、高职学生能够继续学业的通道狭窄,这种阻断中高职教育间衔接、阻碍技能型人才立体式全方位培养的做法使职业教育陷入瓶颈,亦导致毕业生职业能力难以满足国家经济发展的需要。贯通培养项目使得高等职业教育与国内、国际普通高校互联互通,学历的提升、学位的授予使学生不再陷于职业畅想与职业门槛之间的尴尬,满足了学生深造的需求。另外,高端技术技能人才培养满足了学生自我实现的需要。赋予学生选择权是学生自我实现的重要方式,而贯通培养项目为职业院校学生提供了更多选择。在职业教育与本科教育通路不畅的情况下,学生选择职业教育,往往就意味着与普通高等教育的绝缘。而选择普通高等教育,又无法接受体系化、完整化的职业教育。贯通培养项目实施后,意味着长期以来职业教育与普通高等教育间的壁垒被打破,通过高考才能读本科的传统束缚将消除,学生可以在非此即彼的范围之外做出选择。同时,贯通制所培养的高端技术技能人才能够在全球经济飞速发展的态势中,谋得高标准、高技能、高薪酬的工作,有利于学生的自我实现。

（四）高端技术技能人才培养在北京财贸职业学院

为深入推进教育领域综合改革,适应国家和首都经济社会发展、产业转型升级需要,探索培养高端技术技能人才的新路径,根据《国务院关于加快发展现代职业教育的决定》(国发〔2014〕19号)精神,结合北京市实际,北京市教委决定开展的高端技术技能人才贯通培养实验。其中,高中阶段的学习时间为两年,高职阶段三年,本科两年,即"2+3+2"。在指导思想方面,坚持立德树人、全面发展,整合融通各级各类学校的优质教育资源,深化职业教育教学改革,探索实施素质教育新途径。

2015年起,北京财贸职业学院开展了"2+3+2"高端技术技能人才贯通培养这一全新的试验项目。与通州区潞河中学、首都经济贸易大学、国外本科院校合作,开展高端技术技能人才贯通培养试验。2016年,学院继续和中央民族大学附属中学、北京建筑大学、北京工商大学合作。

二、贯通学生科学课程学情分析

学生是教育的本体,教师的教学过程是为了帮助学生更好地发展,因此对学情的掌握情况是影响教学效益的重要因素之一。贴近学情、分析学情的教学才是有效的教学。注重动态教学,及时将教学内容、教学策略依据学情变化进行调整,才能使教学更加有的放矢。

（一）贯通培养项目学生的年龄及心理特征

高端技术技能人才贯通培养项目基础教育阶段的学生其年龄基本上分布在15～17周岁,属于未成年人,他们正处于青春成长发育的关键时期,心理状态尚不成熟且不稳定。首批(2015年)入学该项目的学生,大多于2000年左右出生,是典型的"00后",他们成长于多元化的时代,生活中处处被各种信息冲击着,有强烈的独立意识,有创造力,遇事有自己独到的见解,他们要求有自己的话语权,因而有时会表现得过于老练早熟。然而实际上他们稚气未脱,对父母与老师都有很大的依赖性,有时看上去大大咧咧,实则内心脆弱敏感,远远没有达到他们的"心理断乳期"。从物质条件来看,多数学生的家庭经济条件良好,从小在物质方面没有经历太大的挫折,享受着生活的优越性,因此在进行物质消费时也基本上不束缚手脚,并且关注时尚与潮流,会存在一些攀比心理。让他们比较受挫的是,他们在家中大都是独生子女,"4+2+1"的家庭结构使他们在备受宠爱的同时也承受着父母长辈们的殷切期望,背负了沉重的情感负担,个别学生又由于经历了父母离异等家庭变故,给心灵带来了伤害,因而在感情上很脆弱。

(二)贯通培养项目学生的科学知识基础

高端技术技能人才贯通培养项目的招收对象是已经完成九年义务教育的北京籍生源初中毕业生,他们已经经历过三年的生物课程、两年的物理课程以及一年的化学课程的学习。因此,对科学课程有一定的认识,对基本的科学概念有一定的了解,具备科学知识基础。贯通培养项目的招生单位为北京市部分高等职业院校,由于一直以来广大民众根深蒂固的思想,人们对高等院校的心理排位都是重点本科及普通本科院校在先,而高职及专科院校在后,因此极少有学业成绩水平顶级的学生选择贯通培养项目。但是近些年国家大力提倡和支持职业院校发展,大力推进职业教育,使民众也在逐步转变思想,院校选择的心理天平能够渐渐向职业院校倾斜。综合来看,目前贯通培养项目学生的学业成绩水平在全北京市居于中下等,科学知识的基础较为薄弱。然而从另一方面来说,由于接触信息的渠道较多,学生课外的知识面的范围广、跨度大,具有一定的科学知识储备。

(三)贯通培养项目学生的学习能力及水平的差异

一部分贯通培养项目的学生具备较强的学习能力。他们的学习习惯较好,能主动进行课前预习、课后对学习内容进行认真整理,与教师有较多的互动。这一部分学生学习态度端正,对知识的掌握比较踏实,也往往是班级中的佼佼者。但也可能存在一些问题,例如对知识的理解不够透彻,知识迁移的能力欠佳等。

然而还有一部分学生,其知识基础较为薄弱,从一定程度上也反映出他们在初中阶段的学习习惯、学习方法上是存在问题的。这一部分学生主要表现为学习的惰性强、易分心,缺少主动学习的意愿,因此学习能力较差,学业水平也基本不高。他们上课不认真听讲,不愿意动脑筋,不愿意写作业,贪玩;学习上拖拉、散漫、怕苦怕累,严重时甚至会对周围同学产生消极的影响,因此他们也往往是贯通培养项目教师们头疼的对象。由于学生学习能力和学业水平上的差异,教师更要注意因材施教,从抓班级学风入手,对学习能力强的学生要侧重对其思维能力的培养,对学习能力较差的学生要侧重于对其学习习惯的养成和学习行为的监督,最终实现所有学生共同进步。

(四)贯通培养项目学生的学习兴趣及学习动机

学习动机"是引发与维持学生的学习行为,并使之指向一定学业目标的一种动力倾向"。在教学中,如果学生没有一定的动机,老师花费再多的心思也是无济于事。只有使学生对所学的内容产生兴趣,形成了内在的需要和动机,教学目标才有可能得到实现。贯通培养项目由于甩掉了高考的指挥棒,使得学生没有了升学压力,他们认为只要踏入了贯通的大门,自己就是"准大学生"了,并且可以直通本科,这种"后顾无忧"的学制使得学生缺乏了学习的动力,容易产生懈怠情绪。因此,贯通培养项目也应对学生适当施加压力,通过严格执行两次"转段"考试(即从基础教育阶段转向高职阶段,和从高职阶段转向本科阶段)制度,可以增强学生学习的内部动力。通过制定多种学习的激励制度,如多举办各种竞赛,设置各级各类奖学金,增强学生的竞争意识,推动学生积极学习、展现自我。另外,由于其年龄和心理特点,贯通培养项目学生都具有广泛的兴趣爱好,并容易被新鲜事物所吸引,教师也应对教学内容及教学策略等进行及时调整,通过展现知识魅力,让学生的兴趣点转移到课堂上来。

(五)贯通培养项目学生在科学课堂的表现情况

科学课程在相当长的一段时间里,都充当着"配角"。科学课程的课时相对较少,授课内容相对较多。在科学课程教学中,教师不仅要完成基本和重要知识、技能的传授,同时还要培养学生的科学思维能力和实践创新能力,以实现全面提升学生科学素养的教育目标。贯通培养项目科学课程的教学致力于激发学生的科学兴趣,增强学生的科学意识,培养学生的科学精神,从而提升学生的科学素养,在课堂教学过程中,既要传授理论知识,又要激发学生的学习兴趣,因此常常将知识与生产生活及社会热点相结合。大部分学生在科学课堂上能够紧跟教师的教学思路,对教师提出的问题进行认真思考,对出现的认知冲突能够进行充分的讨论,并最终将知识内化。这部分学生能够配合教师的教学节奏,按时完成教师布置的课业任务,得到较好的成绩。也有小部分学生上课注意力不集中,不认真听讲。但即便是这样的学生,如果遇到与自己十分相关或者特别感兴趣的话题时,也会将注意力转移到课堂上来,和同学们一起思考,参与讨论,并发表自己的观点。若能够将这样的兴趣点一直保持,这部分学生也可以积极地对待课堂教学,并完成课后任务。

(六)贯通培养项目学生对科学课程的学习体会

学生学习的反馈信息,是教学策略的调整来源。及时有效的教学反馈对于学生的学习以及教师的教学都具有促进作用。通过问卷调查、课后谈话等方式对贯通培养项目学生现有的科学课程的学习体会进行调查,学生普遍认为科学课程贴近生活,能够接受教师的授课方式。学生的观点主要有三类,一类学生认为对课堂内容基本能够完全理解,在上课过程中不仅获得了知识,而且感受到了乐趣,对课堂中涉及的内容,常常与自己的生活实际产生联想,有时还能学以致用,这类学生在全体学生中的比重占40%左右。还有一类学生认为能够接受大部分的知识,在上课过程中偶尔会分心,但是遇到贴近生活实际的实例时能够及时让思维再转回课堂,所以对于这种实例涉及的知识印象比较深刻,这一类的学生在全体学生中的比重占50%左右。其余的10%左右的学生表示自己对学习没有兴趣,也没有明确的学习目标,在课堂上经常会分心,不愿意接受新的知识也不愿意完成课后任务。但是他们也表示,一旦遇到自己十分感兴趣的话题,自己还是愿意参与到课堂讨论中来的,这时会觉得上课很有意义,内心会有极大的满足感,能够享受到学习成功带来的快乐。

三、贯通科学课程教学现状及分析

贯通科学课程是基础文化课程的重要组成部分,对于培养学生的科学素养、职业素养和创新精神具有重要的作用。贯通科学课程教学立足"高""厚""宽""新"的人才培养理念,以提升学生的科学素养为宗旨,强调突出学生的主体地位,注重学生的全面发展,培养满足个人和社会发展需求的高端技术技能人才。

(一)以学生的发展为中心设计课程目标

贯通科学课程根据知识、能力和素养三个维度设计课程目标。在知识层面,通过学习让学生掌握基本的概念、原理和规律,加深学生对知识和方法的理解。在能力层面,通过体验和认知科学发展的历史、过程和成就,培养学生形成科学探究能力、实践能力和创新能力。在素养层面,引导学生客观认识科学知识、科学方法在社会、生活生产和科技发展等方面的应用,树立科学的价值观和世界观。但是在实际的教学中,由于长期受传统应试教育理念的影响,部分学生习惯于专注学习科学知识和技能,而忽视自身实践能力和科学素养的培养,阻碍了学生主体性和创造性的发挥。

(二)以人才培养目标为中心设计课程内容

根据贯通培养项目人才培养目标的设定,基础文化课程中科学课程课时分配较少。为了适应不同学生学习和发展的需要,满足高端技术技能人才培养的需求,贯通科学课程设置了必修模块和选修模块相结合的课程体系。必修模块体现了课程学习的基础性,保证学生掌握基本的知识、技能与方法,为学生科学素养的发展和终身学习奠定良好的基础。选修模块是对必修模块的进一步延伸和拓展,引导学生深刻理解科学、技术和社会之间的相互关系,培养学生形成严谨求实的科学态度和终身学习的意识。贯通科学课程精选教学内容,改变原有知识的"繁""难""偏""旧",更多的联系学生的专业和职业发展,更加贴近生活和社会,拓宽学生的学习视野,提升学生的科学素养。贯通科学课程教学虽然给学生提供了更多的学习空间和机会,但是部分对科学课程有着浓厚学习兴趣的同学,仍然觉得现阶段科学课程的课时和学习内容有限,想要更深入地进行学习和探究。

(三)以发挥学生的主体性为中心进行教学设计

贯通科学课程教学更加关注学生的学习兴趣和体验,围绕夯实知识基础、丰富实验和实践教学、加强理论联系实际等方面进行教学设计。基础知识学习是科学课程学习的基本任务,学生只有形成完整、系统的知识体系,才能更好地由感性认识知识转变为理性理解知识。实验和实践教学是加深学生对基础知识理解和运用的有效方法,也是提高学生实践能力和创新能力的重要途径。通过开展实验和实践教学,让学生亲身体验科学研究的过程,提高学生的主动性和参与度,实现"学中做""做中学"。科学课程教学要面向全体学生,只有将科学知识融入生活和社会,才能真正做到学以致用,才能更好地提升学生的科学素养,引导学生形成正确的价值观和社会责任感。贯通科学课程教学通过不断优化教学设计,给学生提供更大的自由度和选择权,以激发学生的学习动力,充分发挥学生的主体作用,提高课程的教学效果。但是,由于不受高考压力的影响,部分学生对课程学习的重视度不够,不能树立明确的学习目标,在一定程度上影响了教学效果。

(四)以鼓励性教学为中心开展教学评价

贯通培养项目基础阶段的学生属于未成年人,情感细腻、自尊心较强。根据贯通项目的培养目标和学生特点,贯通科学课程教学更加注重过程性考核,实行多元化评价。不同学生的学习态度、学习能力和学习方式本身存在着一定的差异,只有尊重学生的个体差异,对学生进行个性化的评价,才能引导学生形成积极的学习态度,正确地认识自己。贯通科学课程教学主张进行鼓励和扬长教育,善于发现学生的努力和进步,不断发掘学生身上的潜力,及时给予学生鼓励和认可,通过一系列积极正向的评价,增强学生的自信心和满足感,促使学生有更好的表现。但是,在教学中也有部分学生由于受到以往"分数至上"的评价方式的影响,自身没有形成良好的学习态度,在学习中容易表现出自信心不足,难以保持持久的学习热情参与到课程学习中。

四、贯通科学课程教学反思及建议

教学反思,是指教师对教育教学实践的再认识、再思考,并以此来总结经验教训,进一步提高教育教学水平。围绕贯通培养项目的教学现状,结合学生学情对科学课程进行教学反思,应重点考察课堂教学中的成功与不足,力求对现行的贯通培养项目科学课程加以完善。

(一)明确课程教学目标,提升学生科学素养

高端技术技能人才贯通培养项目基于提升学生科学素养的科学课程的建设目标是加强教师队伍建设,优化课程的知识结构,更新课程的教学内容,探索新的教学方法,拓展考核机制。整合教师队伍的教学能力和教学资源,真正实现将科学课程建设成具有合理教师队伍、专业教学内容、恰当教学方法、顺畅教学衔接的教学管理体系。教学目标是指通过课堂教学所预期达成的教学效果,教学目标是教学内容、教学方法实现的根本依据。科学素养教育是素质教育非常重要的组成部分,它有助于提升学生的科学思维和能力,培养学生形成正确的科学观和世界观。贯通培养项目的科学课程要改革教育模式,围绕知识、能力和素养教育三个维度设计的教学目标要是一个相互关联、相互渗透的有机体。以"知识"作为三维目标的根基,"能力"是实现"知识"的载体,以二者为基础,增加"素养教育"在整个课程教学目标中的比重。同时,教师要明确自己的定位,把更多的精力投入到课程研究与改革中,去实践对学生进行真正的素质教育。

(二)精选教学内容,体现贯通科学课程特色

科学素养教育的意义在于培养学生基本的科学技能和能力,培养学生的科学精神和正确的科学观。贯通培养项目围绕培养学生科学素养而设计的科学课程,要重点体现出基础性、全面性和适应性。选取最基本最重要的知识,精细化科学课程设计与实施,完善科学课程体系,拓展学生的思维和视野,培养学生跨学科能力的迁移。注重科学知识与科学方法、理论知识与实践能力的关系,优化

教学方法与教学手段,提高学生的学习兴趣,更好地培养学生的自主学习能力、实践能力与创新能力,使学生全面均衡地发展。在教学内容的选择上,要多与生产生活的实际相结合,利用社会实时热点渗透科学知识的教授。另外,可根据不同学生的自身特点,在课程设计时有针对性地安排分层次的教学内容,适应不同学生的学习需求,满足学生的个性需要,使每个学生的科学素养都得到充分的发展。贯通培养项目的学生最终要面临高职和本科层次的专业教育,教师可以加强研究科学课程与专业课程的衔接教学,与专业相关的部分详解,相关性较小或无关的部分略讲,让学生感受到知识真正的实用性。

(三)多样化教学实施策略,提高课堂的趣味性

教学实施策略主要指为实施教学方案而在教学中采取的教学行为。通过对学生的学情分析可知,贯通培养项目的学生普遍科学知识基础薄弱,学习过程中易分心,学习的主观能动性较差。但是通过调查也了解到,即便是学习能力很弱的学生,如果遇到与自己十分相关或者特别感兴趣的话题时,也会愿意参与到课堂讨论中来,并能够体会到学习带来的满足感。因此,教师要精心设计科学课程教学,不断增强课堂的趣味性。

1. 创设问题情境,引生入胜

任何学习都需要在一定的情景中才能有效进行。将科学知识与生产生活实际相结合,设置认知冲突并引起学生的兴趣,能够把学生引入到问题情境中来。教师在教授科学课程时,应巧设问题情境,激发学生主观学习的愿望,使学生在特定情境中产生对科学知识的渴求和解决情境中的问题的迫切心情,通过在情境中不断探索并摧毁问题的堡垒,使学生在自主获得新知的同时,享受学习带来的成功喜悦。教师可以根据知识类型创设不同的问题情境,如,利用科学小故事,将学生引入故事的情境,引发学生兴趣;通过设置认知悬念,让学生紧随教学思路;通过对问题进行一系列猜想,使学生"卷入"头脑风暴;利用演示实验及探究实验的神奇现象,吸引学生眼球等。

2. 巧妙设置疑问,循序渐进

相比被动地"被灌输",通过思考问题,主动探求获得的知识能够让学生更加

印象深刻。设置疑问是实施课堂的一项基本策略,是师生交流的重要方式,更是调动学生思维、引发学生思考的有效途径。通过巧妙地设置疑问,教师可将学生引入一个崭新的世界中去,阶梯式的任务和挑战,能够激发学生的探索欲望,使学生的思维在课堂中始终保持着兴奋的状态,提高其分析问题、解决问题的能力。

3. 发挥学生主体,全面参与

学生的主体性能否发挥,学生能否参与到课堂中来,决定着教学活动的成败。如果学生在课堂上"身在曹营心在汉",或者表面目光紧盯教师实则大脑一片空白,那么他将无法真正得到知识,更不用说将知识内化为自身的素养。学生的参与度,是实现有效教学的一个重要保障。根据科学课程的特点,教师可以精心设置课堂教学环节,开展切实有效、生动有趣的教学活动促进学生积极参与。例如可以围绕一个课题分小组展开讨论并汇报,自编自演小品再现科学小故事,学生间相互提问并回答等方式,使学生全体参与到课堂中来,一个都不能少。

4. 促进合作学习,提升素养

小组式学习要求组内的学生之间要彼此配合、互动,既要对问题的解决有自己的独特的想法,又要与其他组员沟通、交流、协调,依照最完美的方案共同完成学习任务。小组式学习能够使学生共同发展,共同进步,共同提高。组内成员还可以相互评价,避免个别学生坐享其成,起到相互监督的作用。使学生在自主探究的过程中,深入讨论,获得新知,增强团队合作意识,提升科学素养。

(四)改革考核制度,注重过程性评价

以往的教育教学过程过于注重笔试成绩,导致学生的学习兴趣不高,对科学知识感到很头疼。为了克服这种现象,应注重学习的过程性评价,培养学生的主观能动性,将平时成绩的份额增加到50%,考试成绩占50%。

1. 增加课堂讨论的考核

教师可以查阅总结现在科学研究的热点及焦点问题,把这些问题归纳整合后在课堂上呈现给学生,给学生自己探究讨论的空间和时间,结合考核标准和形式的改变,记录学生成长进步的过程性评价。学生通过分组讨论、组内代表发

言、同学之间相互设问作答、老师辅助解释等方式,将知识进一步理解和消化,在使知识被灵活掌握的同时,增加了课堂的趣味性,也提高了学生的团队合作意识。此部分可以占总成绩的20%。

2. 增加自我表现的考核

为了提高学生的学习和实践相结合的能力,每一节课开始时鼓励学生进行回顾上节课内容的小活动,既锻炼了学生的表达能力,又回顾了课堂知识,同学之间互相学习、共同进步。此部分可占总成绩的10%。课下作业是考核的重要部分,对认真完成作业的学生应适当给予鼓励,这部分占到总成绩的20%。

3. 理论考核适度

要提高学生对科学课程的重视程度,试卷考试当然重要,但在前面各项改革措施的基础上可以弱化考试成绩,重点关注对理论知识的主观学习能力和积极性。

高端技术技能人才的培养目标,要求贯通培养项目的学生具有较高的科学素养。科学课程教学要突出贯通培养项目的特色,将科学课程特点和学生需求结合起来,通过合理设置课程目标、精选课程内容、优化教学设计、丰富教学评价等形式,充分调动学生学习的积极性和主动性,促进学生全面发展。

第二部分

高端技术技能人才贯通培养项目

科学课程典型案例分析

一、化学课程典型案例分析

【化学案例一】

化学实验安全

【案例目标】

让学生获取化学实验安全方面的知识,认识常用危险化学品标志;强调化学实验安全的重要性,树立绿色化学的思想;增强学生的安全意识,培养学生严谨求实的科学态度。

【案例知识点】

1. 掌握化学实验基本操作;

2. 认识常用危险化学品标志;

3. 了解使用常用危险品时的注意事项。

【教学过程】

教学环节	教师活动	学生活动
新课导入	化学英文单词是什么？你知道其中蕴含了什么样的含义吗？ 化学英文单词为 Chemistry,拆写后为 Chem is try！ 字面翻译:化学就是尝试	学生对化学的英文单词进行思考交流。对拆写及解释方式产生兴趣
新课探究	提问: 我们学习的基本实验操作以及做过的实验有哪些？ 根据你的经验,在进行化学实验的过程中要注意哪些安全问题呢？	学生回顾以前所学知识,举例说明在进行化学实验过程中的注意事项,交流在以前的化学实验过程中本人或他人发生的一些小插曲及处理方法。体会化学实验的乐趣,并引发学生思考

续表

教学环节	教师活动	学生活动
新课探究	多媒体展示： 一起火灾事故； 某实验室爆炸事故	学生观看案例素材的图片及视频，通过发生在身边的真实案例，使学生切实感受实验安全的重要性
	讨论： 造成这些事故的原因是什么？ 是否可以避免此类事故的发生？	学生对事故的过程及原因进行讨论，得出结论。只要注重实验的规范操作，则此类事故皆可避免
	多媒体展示： 某危险品仓库爆炸事故； 一例投毒案件	通过触目惊心的案例素材，学生关注到常用化学品的标志
	讨论： 在这些化学品的包装上是否会有相应的危险标志？	引导学生认识常用危险化学品标志，正确使用和处理危险化学品
布置作业	归纳总结，布置作业。请同学们做一份主题为"化学安全常识"的小报	学生完成作业并展示

【教学素材】

素材一：火灾事故

事故当日一名实验人员在事发实验室进行"催化加氢"实验，这是一项常规实验，然而实验所用氢气瓶意外爆炸、起火，导致该名人员腿伤身亡。

素材二：某实验室爆炸事故

事发时工作人员正在调试新购设备，经调查，可能由于设备压力不稳，造成该设备当场发生爆炸，设备附近玻璃仪器均被炸碎，并导致三名实验室人员和两名该设备公司的工作人员被玻璃、仪器碎片等碎屑割伤。

素材三：某危险品仓库爆炸事故

当日晚23:30左右，某危险品仓库发生火灾爆炸事故，造成165人遇难、8人失踪，798人受伤，304幢建筑物、12428辆商品汽车、7533个集装箱受损，直接经济损失68.66亿元。

素材四:一例投毒案件

林某因琐事对同宿舍同学黄某不满,继而在黄某的饮用水中下毒,投毒药品为剧毒化学品 N-二甲基亚硝胺,造成黄某不治身亡。林某因犯故意杀人罪被判处死刑,剥夺政治权利终身。

【案例分析】

化学是一门以实验为基础的科学,现代化学的发展就是由一代代的化学家不断进行科学实验尝试而铸就的。贯通培养项目基础教育阶段的学生已经具备了初中的基本化学知识,会一些基本实验操作及简单的实验,但是在安全意识方面仍需要加强。

本案例通过使用图片、视频等多媒体手段展示素材一和素材二,其目的是让学生切身体会到化学实验安全的事故就发生在我们不远处,而大多数的安全事故都是由于操作人员的疏忽大意导致的,因此在实验过程中要时刻保持高度的安全意识。素材三和素材四都是在相当长一段时间内被媒体和人民群众高度关注的事件,通过典型事件增强学生对化学品进行分类的意识,并引导学生认识常用危险化学品标志。树立绿色化学的思想,培养学生严谨求实的科学态度。

【化学案例二】

预防药物滥用　远离毒品

【案例目标】

让学生明确滥用药物的危害;树立学生对毒品的预防意识及远离毒品的坚强信念,增加学生的自我保护意识,增强社会责任感。

【案例知识点】

1. 理解并掌握滥用药物、毒品的概念;
2. 了解毒品的种类、危害,掌握毒品的日常防范措施;
3. 理解并掌握毒品的成瘾原理。

【教学过程】

教学环节	教师活动	学生活动
课前准备	学生分组查找资料,各组分别负责。 a. 毒品的种类; b. 毒品的危害; c. 毒品的成瘾原理; d. 毒品的日常防范措施; e.《刑法》中有关吸毒、贩毒、制度的法律条款等	学生利用网络、书籍、报刊等途径查找资料。各组虽分工不同,但在查找资料过程中内容也会有交叉,通过查阅资料初步树立学生远离毒品的意识
课堂引入	我们在生病吃药时,药品的说明书上都会明确标识药品的用法用量,每日每次的用量有严格的控制。为什么要规定药品的用法用量呢?若不按照说明书服用药物会有什么样的后果?	学生从用药过少或过多两方面进行讨论、作答: 用量过少,则可能药效达不到;用量过多,则可能会产生某些毒副作用

续表

教学环节	教师活动	学生活动
新课探究	大部分的药物都有毒副作用,应该在医生的指导下使用。虽然滥用药物十分危险,但滥用药物在世界各地仍是严重的社会问题。什么是滥用药物呢?	学生翻阅教材,归纳滥用药物的定义:主要是指非法获得及使用受管制药物;没有医生处方长期服用安眠药或镇静剂;运动员服用兴奋剂;服用毒品等
	毒品是指由于非医疗目的而反复连续使用,能够产生依赖性即成瘾性的药品。请同学们将所查找的资料展示出来	学生通过多媒体分组展示资料,利用图片、音频、视频等方式,阐述毒品的种类、危害、成瘾原理、日常防范措施以及相关法律条款等
	教师对学生展示的内容进行评价,并重点对毒品的成瘾原理进行解释——快乐机制	学生对所查阅资料的总结内容进行修正,并进行讨论、交流心得
作业布置	课后作业: 6月26日为国际禁毒日,请同学们以"珍爱生命 远离毒品"为主题策划一张海报	学生对课堂内容进行总结,完成并展示作业

【教学素材】

素材一:扑热息痛的用法用量

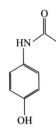

对乙酰氨基酚(扑热息痛)化学式如左图所示,是常见的解热镇痛药,也常被制成复方制剂,如解热止痛片(APC)、VC银翘片等。若在服用扑热息痛的同时服用其复方制剂,则可能因重复用药而使药物过量。同时,还要注意口服扑热息痛时不能空腹、饮酒,肝肾功能不全者慎用等。所以在服用药物时一定要遵照医嘱或按说明书用药,警惕药物过量。

素材二:几种毒品的简介

大麻:来源于大麻植物的提取物,里面含的四氢大麻酚会对人的神经产生作用。摄入大麻后情绪会感到放松,感官放大,认知受损,生理上易导致昏睡。若摄入剂量较大,有可能导致幻觉、多疑等。长期大剂量吸大麻,会出现记忆错乱、情绪起伏变化、眩晕、恶心呕吐等症状,严重者视觉、听觉发生明显畸变,有惊恐、激烈的精神病行为,甚至死亡。

鸦片:鸦片从罂粟果实里采集出来,成分复杂。鸦片有很强的成瘾性,戒断反应明显,会出现涕泪交加、身体抖,不能自控等症状,难以忍受。

海洛因:从鸦片中提取吗啡,与醋酸酐反应即产生了海洛因。摄入海洛因会对认知产生严重影响,并破坏从大脑到心脏到肝肾在内的各种器官。海洛因有极强的身体戒断反应,海洛因吸食一旦中断,便会出现打哈欠、流泪流涕、出汗、烦躁不安、寒战、呕吐、腹泻、骨和肌肉酸痛等。几日后,则感到极度寒冷、抖不止,大小便失禁,感觉骨头有无数蚂蚁在咬,严重者会导致死亡。因此为了能吸食一口毒品,吸毒者不惜违法犯罪。

冰毒:冰毒的主要成分为甲基苯丙胺,是一种无味或微有苦味的透明结晶体,形似冰,故俗称冰毒。冰毒是效力强大的兴奋剂,会导致呕吐、瞳孔放大等现象,并会导致情绪上的狂喜和麻木,认知严重受损,生理上对食物和睡眠的要求降低,常导致激动不安和暴力行为。新闻里经常报道吸毒引发车祸、自杀、杀人事件,其中多数吸的是冰毒。

素材三:毒品的成瘾原理

大多数毒品的成瘾原理都是改变了大脑的"快乐机制"。快乐的感受由大脑中的化学物质多巴胺来传递。通常多巴胺寄居在大脑中的游走细胞中,当人们在进行诸如品尝美食、欣赏美景等事情时,多巴胺会被逐渐释放出来,与神经系统的快乐接收器结合,并被运载至神经细胞,根据多巴胺的多少,而得到从一般快乐到极度快乐的感受。吸毒者在吸食毒品后,会加速多巴胺与游走细胞的分离,与快乐接收器结合,并瞬间达到极度快乐的感受。长期服用毒品,则会使快乐接收器逐渐被清除,多巴胺无法到达神经细胞,使人感受到的快乐越来越少,"快乐机制"越来越平淡。为了达到甚至超过原来的快乐感受,只能依赖不断地增加毒品吸食量,使多巴胺不断被释放。吸毒者最初吸食毒品也许只是为了舒服,久而久之,快乐越来越少,只能通过吸毒品来暂时避免悲观和绝望。

【案例分析】

高端技术技能人才贯通培养试验项目基础教育阶段的学生年龄分布在15~

18周岁,大多为未成年人,他们对新鲜事物好奇心强,乐于进行尝试。一旦沾染上毒品,对个人、家庭及社会都会带来极大的危害。

本案例从学生主动查找毒品的相关资料入手,让学生在搜集资料的过程中,不仅增加了归纳总结的能力,更是深入地了解了毒品的种类、危害,以及相应的法律法规等。在此处也可以通过视频、小品表演等方式,将毒品的危害更加直观地表现出来。通过对毒品成瘾原理的学习,使学生从科学的角度理解毒品带来的快乐不是真正的快乐,并从根本上打消对毒品进行尝试的念头。最后通过海报展示的方式,将学生由本案例引发的所思所想展现出来,并发挥积极的宣传作用。

【化学案例三】

合成材料之塑料

【案例目标】

培养学生正确的科学态度,增强学生的社会责任感。使学生认识到化学对创造更多物质财富和精神财富、满足人民日益增长的美好生活需要做出的重大贡献的同时,也要增强节约资源、保护环境的可持续发展的意识,从自身做起,形成简约适度、绿色低碳的生活方式。

【案例知识点】

1. 热塑性塑料和热固性塑料;
2. 塑料包装回收标志及使用塑料的利弊;
3. 使用合成材料对人类环境的影响,"白色污染"。

【教学过程】

教学环节	教师活动	学生活动
课前准备	课前安排学生调查生活中的塑料制品,学生进行分组,每组将一些简单易携带的塑料制品带到课堂中来	学生对生活中的塑料制品进行搜集,包括塑料瓶、塑料袋、塑料牙刷、电源插线头、废弃耳机头、塑料食品包装袋等
课堂引入	知识回顾: 根据上节所学内容,请同学们回顾,什么是合成材料?有哪些材料是合成材料?	学生回顾合成材料的定义:合成材料是由两种或两种以上的物质复合而成并具有某些综合性能的材料。塑料、合成纤维和合成橡胶是三大合成材料
新课探究	根据同学们搜集的塑料制品,以及日常生活中所见的其他塑料制品,你认为塑料都具有哪些特性?	学生针对问题展开讨论,并归纳塑料的主要特性,如质量轻、不易发生化学反应、有绝缘性、耐摩擦、可加工成各种形状,有的塑料还具有透光性、可变形、加热易熔化等性质

续表

教学环节	教师活动	学生活动
新课探究	实验: 我们日常生活中的很多塑料都具有加热易熔化的性质,但是不是所有的塑料都遇热熔化呢?请同学们动手试一试	学生分组进行实验,讨论并记录实验过程及结果。发现一部分塑料制品使用酒精灯加热时即可熔化,而另一部分塑料制品即使使用酒精喷灯(温度最高可达1000℃)加热也不能熔化
	根据塑料的热性能差异,可将其分为热塑性塑料和热固性塑料	根据热性能差异对塑料进行分类归纳
	物质的许多性能与其化学结构有关。塑料是聚合物。以保鲜膜的主要成分聚乙烯(简称PE)为例,其结构式为$[CH_2—CH_2]_n$,合成反应方程式为: $$nCH_2=CH_2 \xrightarrow{\text{催化剂}} [CH_2—CH_2]_n$$ 该反应为聚合反应。请同学们仿照此反应写出合成聚氯乙烯(简称PVC,结构简式$[CH_2—CHCl]_n$)的反应方程式	学生通过所学知识进行举一反三,并写出合成聚氯乙烯的反应方程式为: $$nCH_2=CHCl \xrightarrow{\text{催化剂}} [CH_2—CHCl]_n$$
	塑料制品的发明为人类的发展提供了极大的便利,同时也造成了"白色污染"。为了便于塑料制品的回收和再利用,我国制定了塑料包装制品回收标志	学生对生活中的塑料制品根据回收标志进行分类
布置作业	请同学们在塑料制品上找到这些标志,并将标志相同的塑料进行归类	完成并展示作业

【教学素材】

素材一:塑料的发明

塑料的原始名称叫"酚醛塑料"(亦称酚醛树脂,俗称电木),其发明人是美国化学家贝克兰,它是贝克兰在一次实验当中,完全无意中发现的。

1905年的一天,贝克兰在实验室里进行一项试验:他将苯酚(即石碳酸)和甲醛(即福尔马林),一并放入一只烧瓶里,贝克兰使用酸作为催化剂进行加热反应。他当时发现烧瓶里的反应物渐渐变成了黄色的胶状物,类似于桃树或松树上的树脂,牢牢地粘在了烧瓶壁上。贝克兰想用水冲掉它,但不论如何也无济于事。后来,他又用高温烘烤,想把它熔融。可是,瓶子里的胶状物反而变成了硬块。贝克兰立即想到,这种物质既不怕水,又不熔融,岂不是工业上一种很好的新材料吗?为了弄清这种物质的性质,贝克兰花费了整整4年的时间,他终于搞清了这是酚和醛经过化学反应得来的,其形态类似树脂,因此取名为"酚醛树脂"。在以后短短40年的时间里,世界塑料工业就发生了惊人的变化,它以比钢铁产量的增长快两倍速度发展,很快超过了铝、铜和锌的产量,在许多方面取代了金属、木材、水泥和玻璃等传统材料。至20世纪70年代,世界塑料总产量已高达5000万吨。

素材二:几种常用的建筑塑料

聚丙烯(简称PP):刚性大、耐热性好(150℃不变形)。强度、弹性模量、硬度高,对高频电的绝缘性好。用于各种给水管道、防水膜等。

聚氯乙烯(简称PVC):抗拉强度、刚度、硬度较大,有良好的耐水性、耐油性、耐化学腐蚀性和阻燃性。用于各种给水管道、防水材料、门窗框等。

聚甲基丙烯酸甲酯(简称PMMA):俗称有机玻璃,有较好的透明性、化学稳定性、力学性能和耐候性,易染色和加工。常用作装饰板材。

酚醛塑料(简称PF):用于制作电工器材(如插头、开关等)、装饰材料、隔声隔热材料等。热塑性酚醛树脂还可配制油漆、胶黏剂、涂料和防腐蚀用胶泥等。

环氧塑料(简称EP):固化方便、黏附力强、收缩性低,具有良好的力学性能和绝缘性,化学稳定性好。用于制备增强塑料、泡沫塑料、浇注塑料、黏结剂和涂料等。

素材三:新型塑料

新型高热传导率生物塑料:日本电气公司研发的以玉米为原料的生物塑料,若混入10%的碳纤维,则其热传导率与不锈钢不相上下;若混入30%的碳纤维,则其热传导率为不锈钢的2倍,而密度只有不锈钢的1/5。可用于生产轻薄电脑、手机等电子产品的外框。

塑料血液:英国谢菲尔德大学的研究人员研发一种"塑料血",它有效期长、便于储存,能给任何一名患者输血,而不考虑血型,可以在战场和灾区用于急救。它可以携带铁原子,并像血红蛋白一样把氧气输送至全身。但是这种"塑料血"只能解决一时之需,不能长期替代真正的血液。

可降低汽车噪声的塑料:美国聚合物集团公司研发一种新型塑料可应用于汽车车身和轮舱衬垫,吸收车厢内的声音并减少噪声,其降噪幅度可达25%~30%。

素材四:塑料回收标志

目前,我国采用三角形符号作为塑料回收标志,一般标注在瓶底。三角形里边有1~7七个数字,每一个数字代表不同的材料。

1号塑料品常见矿泉水瓶、碳酸饮料瓶等。适合装暖饮或冻饮,装热饮或反复使用有害。不能放在汽车内晒太阳;不要装酒、油等物质。

2号塑料品常见白色药瓶、清洁用品、沐浴产品。不要用来作为水杯或者装其他物品,不要循环使用。

3号塑料品常见雨衣、建材、塑料膜、塑料盒等。高温有害,不要加热。不要循环使用,若装饮品不要购买。

4号塑料品常见保鲜膜、塑料膜等,耐热性差。特别注意保鲜膜不能进微波炉。

5号塑料品常见豆浆瓶、优酪乳瓶、果汁饮料瓶、微波炉餐盒等。可用于微波加热。但微波炉餐盒的盒盖却常采用1号塑料制造,因此微波加热时要把盒盖拿下来。

6号塑料品常见碗装泡面盒、快餐盒。耐热抗寒,但不能放入微波炉中。遇强酸(如柳橙汁)、强碱易溶出有害物质。

7号塑料品常见水壶、太空杯、奶瓶等。高温易释放有毒物质。使用时不要加热,不要在阳光下直晒。

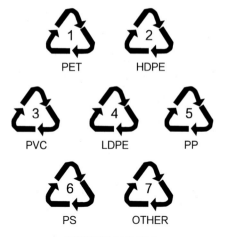

塑料制品回收标志

【案例分析】

科学的发展给人类的生活提供了极大的便利,化学为创造更多物质财富和精神财富、满足人民日益增长的美好生活需要做出了重大的贡献。然而,很多事物都具有两面性,在科学发展的同时,也不可避免的对环境造成了影响。而只有以科学的态度正确的认识科学,才能更有效地让科学为人类服务。本案例通过对塑料相关知识的学习,增强学生节约资源、保护环境的可持续发展的意识,从而增强学生的社会责任感。

化学以实验为基础,本案例通过对不同种类的塑料制品进行研究,通过观察不同的实验现象,将塑料分成了热固性塑料和热塑性塑料两大类,培养了学生归纳总结、分类讨论的意识。教学素材与日常生活息息相关,体现了化学与生活的密切联系,从而拉近了学生与科学知识之间的距离,增强学生的学习兴趣。

【化学案例四】

生命的化学起源

【案例目标】

通过对资料的查阅、整理,培养学生分析综合的思维能力。渗透生命是物质的、生命物质是不断变化发展的、生命物质变化发展的量变和质变以及内因和外因的辩证统一等辩证唯物主义基本观点的教育。通过了解我国在探索生命起源问题上的重大成就,对学生进行爱国主义的思想教育,增强在社会主义核心价值观下学生科学素养的培养。

【案例知识点】

1. 了解原始地球为生命起源提供的条件、生命起源化学进化的大致过程;

2. 理解米勒的实验及其说明的问题;

3. 了解我国在探索生命起源问题上的重大成就。

【教学过程】

教学环节	教师活动	学生活动
课前准备	课前布置对本课进行预习并分组查找资料。查找关于生命起源的不同理论假说	学生利用网络、书籍、报刊等途径查找资料。通过查阅资料使学生对不同的理论学说进行初步了解,并谈一谈你更支持哪一种理论假说
课堂引入	据科学家统计,地球自诞生至今已有46亿年的历史。在漫长的时光中,地球上的生态进行了无数次的变迁,而今形成了我们现有的形形色色的生命的世界。	学生分组对课前查找的资料内容进行展示。生命起源的假说主要有神造说、自然发生说、宇生说、生源论、化学起源说等。

续表

教学环节	教师活动	学生活动
课堂引入	然而,生命最初是怎样产生的呢？关于生命起源都有哪些假说？请同学们分组进行展示	目前化学起源说是人们普遍接受的生命起源假说,并认为生命的发生是在原始地球上自发形成复杂分子的结果。导致生命起源的过程是在水和无机物存在的条件下发生的
新课探究	现在人们普遍认为原始生命起源于无机物,请同学们思考:原始地球为原始生命的诞生提供了哪些条件？原始生命诞生在哪里？现在的自然条件下还能产生原始生命吗？	学生思考、交流,并回答,原始地球提供的条件有原始大气(包括甲烷、氢气、氨、二氧化碳、硫化氢等,没有氧气),还有宇宙射线、闪电等能进行化学反应的条件。原始生命诞生于原始海洋中。在现在的自然条件下由于缺少原始地球的环境因此不能产生原始生命
	原始地球的环境难以在现今的自然条件下实现,所以科学家们很难进行模拟实验,只能进行人工合成。请同学们分析下面这个化学反应,并指出反应物和生成物的物质类别: $2NH_3 + CO_2 \xrightarrow{\text{高温高压}} CO(NH_2)_2 + H_2O$	学生进行讨论,得出结论:在上述反应中反应物 NH_3 和 CO_2 为无机物,生成物 $CO(NH_2)_2$ 是有机物
	多媒体展示:结晶牛胰岛素和酵母丙氨酸转运核糖核酸的分子电镜图片解说:化学起源说将生命的起源划分为四个阶段。之所以被多数人接受,是因为其第一阶段,即由无机物合成有机小分子,已经被实验室证实,最著名的是米勒实验。我国在探索生命起源的问题上的成果走在世界前列	对原始生命的诞生以及人类为探索生命的化学起源所作出的努力进行深入的体会

续表

教学环节	教师活动	学生活动
课堂总结	研究生命的起源是要弄清几十亿年生命诞生的历史，认识和阐明生命的本质。可以想象，生命起源的过程非常艰难。因此要保护我们的地球，珍惜地球上的生命	学生对课堂内容进行总结

【教学素材】

素材一：生命起源假说

神造说：神造说认为地球上的一切初始生命都是由神创造的。这种假说把生命的起源极为简单地归因于不可知的、也无法证明的上帝或神的身上，人类在无能为力的情况下，本能地去依靠神明。

自然发生说：这种学说认为生命是由无生命的物质自然发生的。例如我国古代的"腐草化萤""朽木化蝉"等。甚至在西方还有人通过"实验"证明，将谷粒、破衬衫等置于一个容器中，21天后可以产生老鼠，并且和普通老鼠没有差别。这是由于原始社会时粗糙、错误的观察导致的结论。这种假说在19世纪被微生物学家彻底否定。

宇生说：这一假说提倡地球上的一切生命是来源于宇宙间的其他星球，即地球上的最初生命体是由陨石或其他"天外来客"带来的。现代研究表明，在目前已发现的星球上是没有生命体存活的条件的，另外，这一说法对于"宇宙间的生命是如何起源的"仍是一个难以回答的命题。

生源论：19世纪法国的微生物学家认为地球的生命只能在生物和生物之间传递，即所有的生物都是由其他生物体复制或繁衍得来的，这种假说否认了非生物与生物之间的关系，对于生命是如何起源的仍然难以解释。

化学起源说：这一假说认为生命是由非生命体在地球初期的漫长岁月中，经过极其复杂的化学反应逐渐演变而来的。化学起源说是目前人们普遍接受的生命起源假说。

素材二：生命化学起源说的四个阶段

第一阶段：由无机小分子生成有机小分子。因此本学说认为原始生命是在原始地球上发生的。

第二阶段：由有机小分子生成有机大分子。这一阶段发生在原始海洋中，由原始的氨基酸、核苷酸等在适当的条件下相互作用形成蛋白质和核酸等有机大分子。

第三阶段：由有机大分子生成有机多分子体系。本阶段由一些学者提出了团聚体的假说，他们认为有机大分子在一定条件下可以团聚在一起，形成团聚体，这些团聚体有明显的边界，进而形成了有机多分子体系。

第四阶段：有机多分子逐渐演变为生命体。本阶段是生命起源中最有决定性意义的阶段，以细胞的产生为标志。

素材三：米勒实验

在这个实验中，米勒用水、氢气、氨气、甲烷和水蒸气等模拟了原始海洋环境和原始大气环境。米勒先给烧瓶加热，使水蒸气在管中循环，通过电极放电模拟原始天空的闪电，以激发密封装置中的不同气体发生化学反应，并通过冷凝装置模拟降雨的过程。经过一周的实验和循环之后，米勒分析其化学成分时发现氨基酸和能转化为核苷酸的主要成分。生命化学起源的第一步，从无机小分子物质形成有机小分子物质，因米勒实验，而被人们所普遍接受。

【案例分析】

生命起源的化学进化的说法，已经为广大的学者所承认，这种说法是综合了现代自然科学研究成就为其基础的，虽然这种说法更多的是一些推测，但这些推测都是有科学依据的，都有诸如天文、地质、古生物学、生物化学、生物学等多门学科的研究成果支持的。

本案例的实施充分体现了"以教师为主导，以学生为主体"的师生合作关系。通过学生查阅相关资料，锻炼了学生总结、归纳、分析能力。通过小组成果展示，增强了学生的团队合作意识、表达能力和思维逻辑。真正实现了学生从"要我学"到"我要学"的转变，让学生学习从只重结论变成了既重过程，也重结论。本案例内容渗透了丰富的辩证唯物主义观点,是对学生进行观点教育的极好素材。所以,学习这一内容可以使学生在学习相关知识的过程中,受到生命的物质性、运动性等辩证唯物主义基本观点的教育。

【化学案例五】

钠的重要化合物——过氧化钠

【案例目标】

激发学生的求知欲望和学习期望;培养学生严谨求实的科学态度,增强学生的安全意识,以及探索未知、崇尚真理的科学意识。从问题和假设出发,依据探究目的,设计探究方案,运用化学实验的方法进行实验探究,提高学生科学探究与创新意识的科学素养。

【案例知识点】

1. 掌握过氧化钠的化学性质;
2. 掌握过氧化钠的保存方法;
3. 了解过氧化钠的用途。

【教学过程】

教学环节	教师活动	学生活动
课堂引入	人们都说"水火无情",意思是水灾和火灾能给人们的生命财产造成巨大的损失。那么一旦发生火灾我们需要采取什么方式来灭火呢？ 我们日常用来灭火的水是否也能将火引燃呢？	学生对问题进行思考,并认为灭火应采用水和灭火器(如干粉灭火器、泡沫灭火器、二氧化碳灭火器)等。 对能否用水来引燃火产生思考和怀疑
新课探究	演示实验: 教师演示一段"小魔术"。将一小块过氧化钠包在脱脂棉中,并放在石棉网上,用胶头滴管在脱脂棉上滴几滴水	学生观察并记录现象。思考并与同学交流:为什么在滴水后脱脂棉会燃烧,燃烧的条件是什么？是什么在起作用？ 学生经过讨论后认识到是过氧化钠的作用

续表

教学环节	教师活动	学生活动
新课探究	经过分析可知,是过氧化钠与水发生了化学反应。已知反应后的产物是一种气体和另一种常见物质,请同学们分组讨论,猜想一下反应产物,并通过实验进行验证	按照"观察并分析实验现象→提出猜想→设计实验方案验证猜想"的步骤,设计实验方案。 学生实验1: 把水滴入盛有少量过氧化钠固体的试管中,立即把带火星的木条放在试管口,观察实验现象,检验生成的气体。向反应后的溶液中滴入酚酞试液,并观察现象。 学生分组进行汇报,描述实验现象并做出结论: (1)反应产生的气体能够使带火星的木条复燃,说明该气体为氧气; (2)用手轻轻触摸试管外壁,温度明显升高,说明该反应为放热反应; (3)滴入酚酞试液后,溶液由无色变为红色,说明有碱生成
	对各组同学的汇报进行总结,并引导学生写出该反应的化学方程式: $$2Na_2O_2 + 2H_2O = 4NaOH + O_2\uparrow$$ (有同学观察到滴入酚酞试液后,溶液由无色变为红色,后又褪色,说明过氧化钠具有漂白性)	学生对反应过程、反应现象、反应原理等进行整理、总结
	多媒体播放视频: 过氧化钠还可以与二氧化碳发生反应,请同学们观看视频。 通过视频可知,过氧化钠与二氧化碳反应后产生了氧气,其化学反应方程式为: $$2Na_2O_2 + 2CO_2 = 2Na_2CO_3 + O_2$$	学生观看视频并思考

教学环节	教师活动	学生活动
新课探究	提问： CO₂的主要来源有哪些呢？请同学们分组设计过氧化钠与二氧化碳反应的实验	通过视频中实验的启发，学生分组进行设计并实施实验。 学生实验2： ①实验：向盛有碳酸钙的试管中加入稀盐酸，用镊子将包有过氧化钠的脱脂棉置于试管上方。 现象：脱脂棉燃烧； ②实验：用玻璃管向包有过氧化钠的脱脂棉处吹气。 现象：脱脂棉燃烧； ③实验：将半瓶可乐轻轻摇晃后打开瓶盖，用镊子将包有过氧化钠的脱脂棉置于可乐瓶上方。 现象：脱脂棉燃烧
	提问： 鉴于过氧化钠的上述反应，你认为过氧化钠应该如何保存？ 过氧化钠能够通过与二氧化碳反应生成氧气，你认为二氧化碳在实际生活中可以有哪些应用呢？	学生进行讨论、交流，并回答： 过氧化钠与空气中的水和二氧化碳都易发生反应，应该密封保存； 二氧化钛可用于呼吸面具
课堂总结	归纳总结，布置作业	学生对本节内容进行归纳总结并完善实验报告，完成课后作业

【教学素材】

素材一：灭火器简介

灭火器的种类很多。按其移动方式可分为：手提式和推车式。按驱动灭火剂的动力来源可分为：储气瓶式、储压式、化学反应式。按所充装的灭火剂则又可分为：泡沫、干粉、卤代烷、二氧化碳等。

干粉灭火器:干粉灭火器适用于扑灭油类、可燃气体、电器设备等引起的火灾。使用时,先打开保险销,一手握住喷管,对准火源,另一手拉动拉环,即可扑灭火源。

手提式泡沫灭火器:泡沫灭火器适用于扑灭油类及一般物质引起的火灾。使用时,用手握住灭火器的提环,平稳、快速地提往火场,不要横扛、横拿。

二氧化碳灭火器:二氧化碳灭火器适用于扑灭精密仪器、电子设备、图书资料以及600伏以下的电器引起的火灾。根据使用方法不同,又可分为手轮式和鸭嘴式。

卤代烷烃灭火器:又称"1211"灭火器。它适用于扑灭油类、仪器及文物档案等贵重物品引起的初起的火灾。使用时,先撕去铝封,拔去安全保险销,一手抱住灭火器底部,另一手握住压把开关,喷嘴对准火源喷射,松开压把,喷射即停止。

注意:在使用灭火器时,操作人员应站在上风处。

素材二:过氧化钠与水的反应

实验原理:$2Na_2O_2 + 2H_2O == 4NaOH + O_2\uparrow$

实验仪器及药品:试管(1支)、火柴、药匙、过氧化钠、水。

实验过程:

(1)取一支干净的试管,在试管中加入少量过氧化钠。

(2)在试管中加入水,有反应生成。

(3)用点燃的火柴放在试管口,观察有没有变得更亮。

(4)用手摸一摸试管外壁,感受温度变化。

(5)在试管中滴入酚酞溶液,观察颜色变化。

实验现象及分析:

(1)试管内有气体生成;点燃的火柴放在试管口变得更亮,说明产生的是氧气。

(2)摸试管外壁,试管外壁温度升高,说明反应放热。

(3)在试管中滴入酚酞溶液,红色生成,说明有碱性物质生成。

注意事项:

产物里面滴入酚酞溶液可能会出现颜色变红,但红色马上消失,这是因为过氧化钠有强的氧化性,将酚酞氧化,则红色褪去。因此在观察时要快,并且尽量不摇动试管。

素材三:过氧化钠与二氧化碳的反应

实验原理:$2Na_2O_2 + 2CO_2 \rule[0.5ex]{1.5em}{0.4pt} 2Na_2CO_3 + O_2$

实验仪器及药品:蒸发皿(1只)、长玻璃管(1支)、研钵研杵(1套)、纸、脱脂棉、镊子、过氧化钠。

实验过程:

(1)取一张干净的纸,一薄层脱脂棉,将脱脂棉平铺于干净的纸上。

(2)取少许过氧化钠,将结块的过氧化钠用研钵研磨成粉末平铺于脱脂棉上,用镊子将脱脂棉包起来。

(3)将包好的脱脂棉放入蒸发皿中,用一支细长玻璃管向脱脂棉缓缓吹气。观察现象。

实验现象及分析:

脱脂棉着火,并且火光剧烈。说明反应放热引起脱脂棉燃烧,反应放出氧气,助燃。

注意事项:

(1)过氧化钠易与空气反应而结块,反应前进行研磨,增加反应的接触面积。

(2)用脱脂棉包裹过氧化钠时尽量松散,也是为了增加过氧化钠与二氧化碳反应的接触面积。

素材四:焰色反应

在人们观看美丽的烟花表演时,可能不会想到这与化学有关。然而,无论是烟花的生产者还是使用者都必须牢记有关的化学知识,以免发生危险。大多数的烟花中都含有氧化剂、燃料、结合剂以及着色剂。氧化剂是主要成分,约占烟花的38%~64%。在制作烟花时,常常选用如下表中所示的各种金属盐,以产生各种色彩的烟花。

金属的焰色

焰火的颜色	红色	黄色	紫色	绿色	蓝色或蓝绿色
所需的盐	锶盐	钠盐	钾盐	钡盐	铜盐

烟花中的结合剂,必须科学地进行选择,以免在储存及运输时与这些金属盐反应而发生爆炸。

【案例分析】

本案例的内容是在钠的化学性质之后对其重要化合物的性质的讨论。在钠众多的化合物中,选择了在社会生产生活中应用广泛的过氧化钠。

本案例以实验探究为主线,需要在化学实验室中,以小组的形式学习完成。通过设置认知冲突:"水火无情",但水也能引燃火。引发学生的好奇心,使学生很快地进入课堂情境。通过观看"小魔术",学生能够积极地思考并讨论;对过氧化钠与水的反应产物的讨论与探索,培养了学生科学探究的意识和严谨的科学态度。在上述实验探究的基础上,继续完成并观察过氧化钠与二氧化碳反应的现象,在此过程中,通过二氧化碳来源的选择,开拓了学生思维,培养了学生的创新意识;通过分组实验操作,提高了学生的团队合作意识。本实验也加深了学生对过氧化钠可用于呼吸面具或潜水艇中作为氧气来源的理解,进一步激发学生学习化学的兴趣。

本案例的实验探究较多,在上课前应做好实验准备。在案例进行中可以运用比较法加深学生对物质难点性质的记忆。

【化学案例六】

元素周期表

【案例目标】

引导学生自主学习,认识元素周期表的结构。通过化学史学习,培养勇于创新、不断探索的科学品质;通过亲自编排元素周期表培养学生的抽象思维能力和逻辑思维能力;通过对元素原子结构、位置间的关系推导,培养学生的分析和推理能力。

【案例知识点】

1. 掌握 1~18 号元素的原子结构;
2. 了解 1~18 号元素基本性质;
3. 掌握元素周期表的编排原则。

【教学过程】

教学环节	教师活动	学生活动
课堂引入	同学们,在我们的生活中有许多的化学物质,而它们都是由化学元素组成的。你能说出生活中的哪些常见的元素吗?请大家分组进行抢答	学生以小组为单位讨论生活中的化学物质及化学元素,并举手进行抢答
新课探究		学生表演小品: 甲(饰布瓦博得朗):大家好,我是布瓦博得朗,最近我利用光谱分析的方法从闪锌矿中发现了一种新的元素,我把它命名为"镓"。

续表

教学环节	教师活动	学生活动
新课探究	大家列举出了这么多的元素,看来化学在我们生活中真是无处不在的。如此之多的元素之间是否具有一定的规律性呢? 课前我们让几位同学准备了一个小品,重现一段历史画面,请他们来上台表演	乙(饰门捷列夫):恭喜您布瓦博得朗先生,请问这种新的元素有什么性质呢? 甲:它是一种金属元素,银白色,经过测定它的密度为4.7g/cm³。 乙:哦,是这样……(沉思一段时间),然而,尊敬的布瓦博得朗先生,我认为这种元素的密度应该在5.9~6.0g/cm³。 甲:这怎么可能啊,目前世界上只有我手里这一块镓,您怎么会比我知道得更清楚呢? 我要重新提纯,并再次测定。 (经过测定后) 甲:尊敬的门捷列夫,经过我的再次提纯并测定,证明您的说法是正确的,镓的密度为5.94g/cm³,可是您是怎么知道的呢? 乙:元素是按照一定的规律进行排列的,我制定了一张元素周期表,这种新元素的密度就是据此进行推算的。 甲:多么神奇的元素周期表,请为我们介绍一下吧
	看来元素之间确实有一定的联系和规律的,元素周期表就体现了这样的规律。经过之前的学习,我们已经对1~18号元素有所了解,那么能不能自己编排一张前18号元素的表格呢? 请分组尝试一下	学生以组为单位,交流讨论,根据不同的性质规律将1~18号元素的卡片进行排列,制定元素周期表并展示

续表

教学环节	教师活动	学生活动
新课探究	多媒体展示： 同学们制定的元素周期表都很富有想象力，在历史上也有很多科学家根据元素的不同性质规律制定了形状各异的元素周期表	学生观看形状各异的元素周期表，与自己绘制的元素周期表进行比对并讨论
	然而什么样的元素周期表更加实用并接近真理呢？ 请同学们将1~18号元素做出下面的关系曲线： (1)原子序数与核电荷数的关系； (2)原子半径与核电荷数的关系； (3)最外层电子数与核电荷数的关系	学生分组绘制关系曲线，展示并解释： (1)原子序数与核电荷数相等； (2)随着核电荷数的增加，元素半径呈周期性变化； (3)随着核电荷数的增加，最外层电子数呈现周期性变化
	多媒体展示： 1~18号元素原子结构示意图。门捷列夫元素周期表的编排，实际上是依赖于原子核外电子排布的周期性变化。请大家总结教材上元素周期表的编排规律	学生分组讨论并做出结论，元素周期表的编排依据以下原则： (1)按原子序数递增顺序从左到右排列； (2)将电子层数相同的元素排列成一个横行； (3)将最外层电子数相同的元素排列成一个纵列
	依据这样的编排原则，我们通过记忆口诀再来熟悉一下元素周期表： 横行叫周期，现有1~7； 纵列称作族，18纵行16族；Ⅷ族最贪婪，8、9、10列占； ⅡA、ⅢA夹10列，7副加Ⅷ称过渡；镧锕各十五，均属ⅢB族	学生进行讨论、交流，经教师提示，总结归纳元素周期表结构口诀的含义
课堂总结	归纳总结，布置作业	学生对本节内容进行归纳总结完成课后作业

【教学素材】

素材一：元素周期表的由来

（1）18世纪，法国化学家拉瓦锡提出了把元素分为金属、非金属、气体和土质四大类的观点。

（2）1829年，德国科学家德贝莱纳根据元素性质的相似性，提出了"三素组"学说。但是，在当时已发现的54种元素中却只能把15种元素归入"三素组"。

（3）1864年，德国化学家迈尔发表了《六元素表》，他把28种元素按原子量排列成序，并对元素进行了分族，与"三元素组"相比有很大进步。

（4）1865年，英国人纽兰兹提出"八音律"的理论。他把元素按原子量递增的顺序排列，第八种元素的性质几乎和第一种元素的性质相同，进一步揭示了元素的性质和元素原子量之间的密切联系。

（5）1869年，时年35岁的俄国化学家门捷列夫提出"元素的性质随原子量的增加，呈周期性的变化。"他成功地对元素进行了科学分类，化学性质相似的元素放在一个纵行制出了第一张元素周期表。门捷列夫利用元素周期律，还大胆地在周期表里留下许多空格，每个空格代表一种未发现的元素，并预言了这些元素的性质。后人陆陆续续发现不少新元素，都无私地填在了门氏元素周期表的空格里。

素材二："大炮"轰出新元素

在元素周期表中，有很多元素并不是在自然界中存在的，它们是人造元素。

19世纪30年代，为了进行人造元素的实验，美国物理学家劳伦斯发明了"原子大炮"——回旋加速器，并因此获得了诺贝尔物理学奖。在这种加速器中，可以把某些原子核加速，像"炮弹"一样以极高的速度向别的原子核进行轰击，为人工制造新元素创造了更加有利的条件。

第一个人工合成的元素是43号元素锝（Tc），英文名Technetium，源于希腊文，意为"人工造的"。门捷列夫在建立元素周期表的时候，曾经预言它的存在，命名它为eka-manganese（类锰）。不过后来发现，自然界中也存在微量的锝。锝是一种银色金属，具有放射性。通过人工合成的元素还有61号钷、95号镅、101号钔等等。

素材三：第七周期已完整

2015年12月31日美国《科学新闻》双周刊网站发表了题为《四种元素在元素周期表上获得永久席位》的报道。国际纯粹与应用化学联合会（IUPAC）宣布俄罗斯和美国的研究团队已获得充分的证据,证明其发现了115、117和118号元素。此外,该联合会已认可日本理化学研究所的科研人员发现了113号元素。两个研究团队通过让质量较轻的核子相互撞击,并跟踪其后产生的放射性超重元素的衰变情况,合成了上述四种元素。113号元素将成为首个由亚洲研究人员发现并命名的元素(鉨)。自此,周期表的第7行就完整了。❶

素材四:形形色色的元素周期表

对于元素周期表及元素周期律的研究是一个漫长的过程,经过长期科学史的演变,才有了我们现行的简洁、直观的元素周期表。下图是几种不同形式的元素周期表。

(1)圆形元素周期表

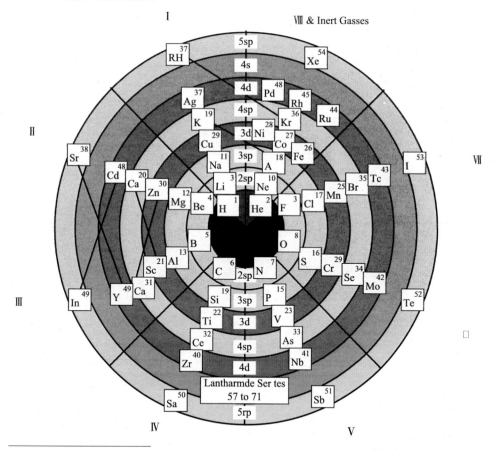

---

❶元素周期表新添4个元素 均为人工合成[EB/OL]. (2016-01-06)[2016-10-12]. http://discovery.163.com/16/0106/13/BCLBQ50P000125LI.html.

（2）螺旋型元素周期表1

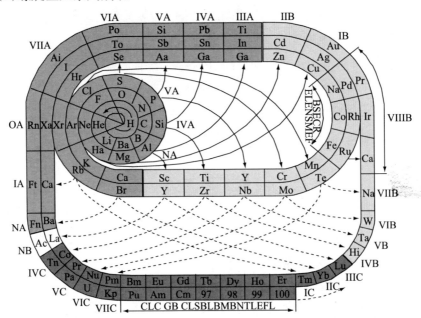

（3）台阶型元素周期表

					Nd 60	Pr 59	Ce 58	La 57	Cm 96	Bk 97	Cf 98	Es 99
			V 23	Ti 22	Sc 21	Ru 44	Rh 45	Pd 46	Pm 61	Ta 73	Hf 72	Lu 71	Hs 108	Mt 109	Um 110	Fm 100

C 6	B 5	S 16	Cl 17	Cr 24	Ge 32	Ga 31	Te 52	I 53	Ag 47	Sm 62	W 74	Pb 82	Tl 81	Uuh 116	Uus 117	Umu 111	Md 101

	He 2	N 7	Li 3	Mg 12	A 18	Mn 25	As 33	K 19	Sr 38	Xe 54	Cd 48	Eu 63	Re 75	Bi 83	Cs 55	Ra 88	Qb 118	Uub 112	No 102

H 1		P 15	Na 11	Be 4	Ne 10	Tc 43	Sb 51	Rb 37	Ca 20	Kr 36	Zn 30	Am 95	Nt 107	Uup 115	Fr 87	Ba 56	Rn 86	Hg 80	Yb 70

		Si 14	Al 13	O 8	F 9	Mo 42	Sn 50	In 49	Se 34	Br 35	Cu 29	Pu 94	Sg 106	Uuq 114	Uut 113	Po 84	At 85	Au 79	Tm 69

			Nb 41	Zr 40	Y 39	Fe 26	Co 27	Ni 28	Np 93	Ha 105	Pf 104	Lr 103	Os 76	Ir 77	Pt 78	Re 68

			U 92	Pa 91	Th 90	Ac 89	Gd 64	Tb 65	Dy 66	Ho 67

（4）螺旋型元素周期表2

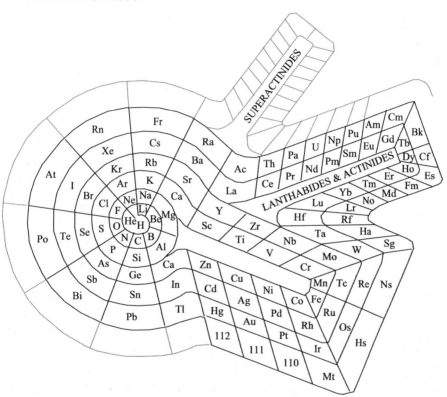

（5）塔式元素周期表

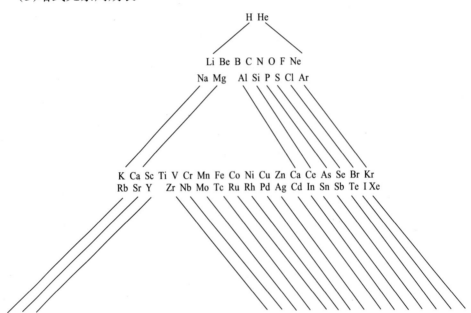

（6）层式元素周期表

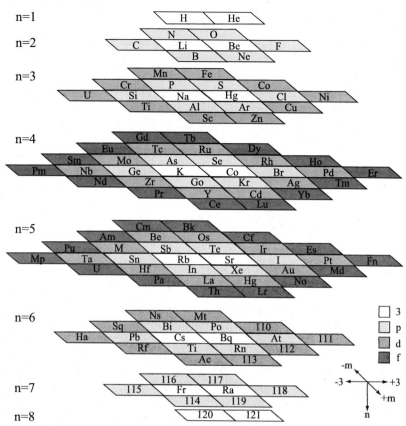

【案例分析】

元素周期律和元素周期表是学习化学的一个重要工具,在初中化学的学习中曾经出现过元素周期表,并初步了解了有关原子结构的知识,此时,引导学生探究一些元素的性质,从而归纳总结出它们的规律,是符合学生的学习心理和认知规律的,可将学生的感性认识上升到理性认识。通过元素周期表的发展学习,使学生学会用发展的眼光看化学知识,树立正确的知识观和学习观。

本案例以排演改编化学史小故事的方式进行引入,提高了学生学习的参与度,引发了学生的学习兴趣。通过自排元素周期表,锻炼了学生归纳总结事物内部规律的能力,充分调动了学生的思维,引导学生进行正确认知。通过教师引导,学生以小组合作的形式绘制关系曲线,让学生沉浸在科学发现之中,锻炼学生的科学思维,提高学生的科学素养。

　　本案例通过化学史的学习培养了学生学习化学的兴趣,培养学生严谨求实的科学态度;并根据元素周期表的排布规则对学生进行事物的联系和区别的辩证唯物主义观点教育。

【化学案例七】

二氧化硅

【案例目标】

学生了解硅材料在日常生活、生产中的应用,感受化学的实用性,增强学习化学的兴趣。培养学生利用所学知识解决生活中问题的能力。通过活动探究、实验、归纳等方法和手段,培养学生归纳总结、知识迁移的能力。

【案例知识点】

1. 了解二氧化硅的存在及分布;
2. 知道二氧化硅的用途;
3. 掌握二氧化硅的物理性质及化学性质。

【教学过程】

教学环节	教师活动	学生活动
课堂引入	多媒体展示沙滩、水晶、玛瑙、光导纤维等图片。 相信大家对浪漫诗意的沙滩、晶莹剔透的水晶、五彩斑斓的玛瑙、用于信息传输的光导纤维都不陌生,而构成它们的主要成分是同一种物质,你知道这种物质是什么吗?请以小组讨论并作答	学生被多彩的图片所吸引,并进行讨论,每个小组都做出了回答

教学环节	教师活动	学生活动
新课探究	它们的主要成分就是我们今天要学习的物质——二氧化硅(silicon dioxide)。地球上存在的天然二氧化硅约占地壳质量的12%,其存在形态有结晶型(如水晶和玛瑙等)和无定型(主要是硅藻土,在实验室用作干燥剂)。结合你认识的沙子、水晶、玛瑙、光导纤维等材料,你能总结一下二氧化硅的物理性质吗?	学生分组讨论并作答: (1)根据以上材料的物质形态,判断二氧化硅是一种固体; (2)根据对沙子、水晶、玛瑙等的认识,判断二氧化硅不溶于水; (3)根据光导纤维的用途,判断二氧化硅能够对光进行传导
	同学们总结的都很正确,二氧化硅是一种不溶于水的固体,它与金刚石相似,具有空间网状结构。SiO_2是二氧化硅的化学式,不是分子式,只表示其组成。 我们说结构决定性质,根据这样的网状结构,你认为二氧化硅还可能具有怎样的物理、化学性质呢?	学生在引导下进行讨论,通过与金刚石对比,认为二氧化硅应该是一种熔沸点高、硬度大的固体,并且化学性质较稳定
	二氧化硅的化学性质稳定,它具体是具有什么样的化学性质呢?我们可以从哪些方面来讨论呢?我们可以通过某些相似的物质来探讨二氧化硅的化学性质吗?	学生分组讨论并回答,可以从物质类别的角度进行讨论。二氧化硅与二氧化碳的性质相似,可以从酸性氧化物的角度来探讨。酸性氧化物与水、强碱及碱性氧化物反应,因此推测二氧化硅的化学性质,并类比写出二氧化硅与NaOH、CaO的化学反应方程式
	二氧化硅是一种酸性氧化物,它对应有如下化学性质: $$SiO_2 + 2NaOH = Na_2SiO_3 + H_2O$$ $$SiO_2 + CaO \xrightarrow{\text{高温}} CaSiO_3$$ 除此之外,请同学们注意一下在二氧化硅中Si元素的化合价,并由此做出你的推断	学生讨论,在二氧化硅中Si元素的化合价是+4价,不是最低价,说明二氧化硅可能具有氧化性

续表

教学环节	教师活动	学生活动
新课探究	二氧化硅具有氧化性: $$SiO_2 + 2Mg \xrightarrow{高温} Si + 2MgO$$ 另外,二氧化硅还具有自己的特性,它能够与HF酸进行以下反应: $$SiO_2 + 4HF = SiF_4\uparrow + 2H_2O$$	学生认真听讲并记录相应内容
布置作业	以上就是二氧化硅的化学性质,有几个问题作为今天的作业留给大家思考。 1. 实验室装 NaOH 的玻璃瓶为什么要用橡胶塞? 2. 实验室用什么瓶子装氢氟酸? 3. 请同学们再回顾一下生活中的二氧化硅,化学中有一个重要的思想"结构决定性质,性质决定用途",以本节内容为例,这一思想是如何体现的呢?	学生进行讨论、交流,完成课后作业

【教学素材】

素材一:二氧化硅的晶体结构

二氧化硅晶体中,硅原子的4个价电子与4个氧原子形成4个共价键,硅原子位于正四面体的中心,4个氧原子位于正四面体的4个顶角上。整个二氧化硅晶体可以看作是一个巨大分子,从图中可以看到,每个硅原子与4个氧原子连接,而每个氧原子与2个硅原子连接,因此SiO_2表示晶体的最简式,并不表示单个分子。二氧化碳晶体中则是由CO_2小分子构成的,CO_2是分子式。所以CO_2与SiO_2的性质差别较大。

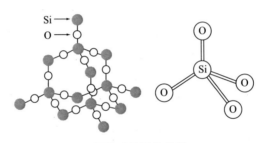

二氧化硅的晶体结构

硅-氧四面体通过共同顶角的氧原子连接,在空间形成了三维网状结构,这一结构与金刚石十分相似。

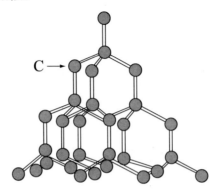

金刚石的晶体结构

素材二:二氧化碳和二氧化硅的物理化学性质及用途比较

类别		二氧化碳	二氧化硅
状态		气体	固体
物理性质		熔沸点低	熔沸点高硬度大
化学性质	与水	$CO_2 + H_2O = H_2CO_3$	不反应
	与碱	$CO_2 + 2NaOH = Na_2CO_3 + H_2O$	$SiO_2 + 2NaOH = Na_2SiO_3 + H_2O$
	与碱性氧化物	$CO_2 + CaO = CaCO_3$	$SiO_2 + CaO = CaSiO_3$
	与酸	无	$SiO_2 + 4HF = SiF_4\uparrow + 2H_2O$
用途		人工降雨	装饰,石英坩埚,光纤

素材三:举例说明"结构决定性质,性质决定用途"的化学观点

(1)金刚石为正四面体的空间网状结构,因此其具有硬度大的性质,可用作玻璃刀头、电钻钻头等；

（2）石墨呈空间层状结构，因此具有平滑、导电性好的性质，可用作电极；

（3）活性炭具有多孔结构，因此其吸附能力强，可用来吸附异味和色素；

（4）氯气中氯原子的最外层有7个电子，因此其化学性质活泼，容易得到电子，可用作氧化剂；

（5）钠原子最外层有1个电子，因此化学性质活泼，容易失去电子，可用作还原剂；

（6）稀有气体的最外层电子达到了稳定结构，因此化学性质稳定，可用作保护气。

【案例分析】

在化学中有很多重要的基本观点，其中"结构决定性质，性质决定用途"是物质的用途观。本案例从二氧化硅的结构入手，研究其物化性质，将这种物质用途观潜移默化地渗透给学生。通过将二氧化硅与金刚石的空间结构对其性质影响的对比，加深对此观点的理解。

归类思想是一种重要的思维方式，通过类比、类推，可以使学生在接触到某一事物时，迅速产生知识迁移，最终达到触类旁通的效果，是提升学生科学素养的一项基本能力。本案例通过教师引导，使学生将二氧化硅与二氧化碳进行类比，大胆推测其化学性质。学生在思维碰撞中体会这种归类、类推的方法，而不是由教师先复习二氧化碳的性质，再要求学生根据二氧化碳的性质推导二氧化硅的性质。这样得到的方法是学生深刻体验到的，对学生的科学素养有较强的增益效果。

【化学案例八】

化学能与电能

【案例目标】

通过课前准备,培养学生自学能力、独立解决问题、发现问题的能力。通过实验探究过程,提高学生的创新思维能力,勇于探索问题的本质特征,体验科学过程,培养学生主动参与的意识。

【案例知识点】

1. 理解化学能与电能的相互转化;
2. 掌握原电池的工作原理;
3. 掌握原电池的组成条件。

【教学过程】

教学环节	教师活动	学生活动
课堂引入	多媒体展示手机、电脑、电视、霓虹灯夜景等图片。同学们,观察上面的几幅图片,你认为它们都涉及了哪些能源呢?课前让同学们查阅了能源分类的资料,你认为前面涉及的能源能够怎样得到呢?	学生作答。 ①以上图片涉及了电能。 ②能源分为一次能源和二次能源。 ③电能是二次能源,需要其他能源转换而得到
新课探究	电能可以通过火力、水力、风力、核能等转换,但是预估到2050年,我国的火力发电量仍会居于首位。火力发电的原理是怎样的呢?请大家根据已有的知识充分讨论一下吧	学生分组讨论并回答: 火电是通过化石燃料燃烧,使化学能转变为热能,加热水使之汽化为蒸汽以推动蒸汽轮机,使热能转变为机械能,最终转变为电能,带动发电机发电

教学环节	教师活动	学生活动
新课探究	燃烧是使化学能转换为电能的关键,燃烧是氧化还原反应,那氧化还原反应与化学能转换为电能之间有没有联系呢?电流的形成条件是什么?怎样才能使氧化还原反应转变出电能呢?	学生思考,经引导后得出结论:电流需要有电子的定向流动,氧化还原反应中有电子的转移,导致化学键的变化,从而引起热量的变化。 疑惑点:怎样使氧化还原反应释放的能量不通过热能而直接转变为电能呢
	我们需要设计一种装置,使氧化反应和还原反应分别在两个不同的区域进行,并使其间的电子转移,在一定条件下形成电流。我们可以设计出这样的一种装置吗?下面我们就来探究一下。 演示实验: ①将锌片和铜片分别插入盛有稀硫酸的烧杯中,观察现象。 ②将锌片和铜片用导线连接(导线中间接入一个电流表),平行插入盛有稀硫酸的烧杯中,请同学们说出两次实验现象的差异	学生讨论并作答: 实验一:锌片上有气泡逸出,铜片上没有观察到现象。根据已有的知识而知,锌片与稀硫酸反应,而铜片与稀硫酸不反应。 实验二:铜片上有气泡逸出,锌片上没有观察到现象。电流表的指针有偏转,说明有电流经过
	太棒了,我们已经可以让化学能直接转变为电能了,我们把这种将化学能转变为电能的装置叫作原电池。那么它的原理是怎样的呢?请同学们对以下内容进行填空,并梳理原电池的原理。 ①锌和铜的活动性不同,＿＿＿＿容易失去电子,＿＿＿＿容易得到电子; ②电子从＿＿＿＿片通过导线流向＿＿＿＿片; ③锌被氧化成＿＿＿＿,溶液中的 H^+ 在＿＿＿＿片处被还原成 H_2 逸出	学生填空并讨论,最终得出原电池的原理。 在教师启发下,写出电极反应式: 锌片: $Zn - 2e^- == Zn^{2+}$ (氧化反应)(负极) 铜片: $2H^+ + 2e^- == H_2\uparrow$ (还原反应)(正极)

续表

教学环节	教师活动	学生活动
新课探究	原电池由哪些部分构成呢？我们给出了铜片若干、锌片若干、稀硫酸溶液、小烧杯若干、导线、电流表等实验用品，请同学们以小组为单位通过实验进行探究讨论	学生分组进行实验探究，经教师引导得出结论。 构成原电池需要满足以下条件： ①有两种活动性不同的金属（或金属与能导电的非金属）作电极； ②电极材料均插入电解质溶液中； ③两极形成闭合电路； ④能自发产生氧化还原反应
布置作业	通过了解原电池的原理和结构，你能利用生活中的物品自制一个原电池吗？例如水果电池、可乐电池等。这也是我们本堂课的作业	学生对本节内容进行归纳总结完成作业并展示

【教学素材】

素材一：原电池的发现

著名的意大利医师、生物学家伽伐尼在1791年发表的《论在肌肉运动中的电力》一文中如下记述当时的经历："我把青蛙放在桌上，注意到了完全是意外的一种情况，在桌子上还有一部起电机……我的一个助手偶然把解剖刀的刀尖碰到青蛙腿上的神经，……另一个助手发现，当起电机的起电器上的导体发出火花时，这个青蛙抽动了一下……"伽伐尼经不懈的探索和思考，第一个提出了"动物电"的见解。

但实际上，瑞士学者苏尔泽早在1750年就谈到过类似的发现。他将银片和铅片的一端互相接触，另一端用舌头夹住，舌头则感到有点麻木和酸味，既不是单片银的味道，也不是单片铅的味道。他想到，这可能是两种金属接触时，金属中的微小粒子发生震动而引起舌头神经的兴奋而产生的感觉。其实这时已构成电流回路，然而苏尔泽没有继续研究下去。伽伐尼的成功再次证明，机遇只属于那些有准备的头脑！

素材二:科学童话故事《格林太太的假牙》

格林太太有两颗假牙,一颗是金子的,是她富贵和身份的象征;一颗是铜的,是在一次车祸后留下的。在那次意外的车祸中,格林太太除了失掉一颗美丽的牙齿,幸好没有其他的外伤。然而奇怪的是,自那次车祸之后,格林太太时常觉得舌头发麻,头也隐隐作痛,白天坐立不安,夜晚头痛难眠,几次去医院检查也没有结果。一天,格林太太家里来了一位客人,是一位年轻的化学家。格林太太无意中谈到了自己的烦恼,化学家想了想后说,"或许我可以治好您的病。"过几天,化学家请来一名牙科医生,并要求他将格林太太的两颗假牙取下来,格林太太很不解但是配合着。化学家将两颗假牙连接到电流表的两极并浸入水中,当格林太太看到电流表指针发生偏转时她惊呼起来,"什么? 我的嘴里居然产生了电流?"化学家解释说,原来,两颗材质不同的金属假牙在格林太太的口腔中形成了一个"微电流",时时刺激着她的神经,这才是格林太太病痛的根源。牙科医生按照化学家的建议对格林太太的假牙进行了更换,从此,格林太太再也不必受到假牙的困扰了。

素材三:原电池中带电粒子的移动方向

在原电池构成的闭合电路中,有带电粒子的定向移动。在外电路中电子从负极经导线流入正极;在内电路中即在电解质溶液中阴离子移向负极,阳离子移向正极。具体情况如下图所示:

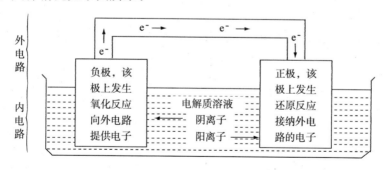

原电池中带电粒子移动方向示意图

【案例分析】

本案例的内容是化学能与电能。化学反应与能量是最重要的原理性知识之一,在社会生产、生活和科学研究中有着广泛应用,它对人类文明进步和现代化发展有重大价值,是与我们每个人息息相关的科学知识。

本案例以学生为主体,通过教师的逐步引导,最大限度地调动了学生的思维和主观能动性。利用演示实验,使学生观察到原电池与普通的氧化还原反应之间的差异,提高了学生的观察分析能力。在对原电池的原理进行总结时,教师将原理的关键词以填空的形式呈现出来,以使学生紧跟教师的思路,开动脑筋,寻求正解。通过分组进行探究实验,增强了学生的团队合作意识,增强了动手能力,并且在动手的过程中观察现象、发现问题、得出结论,在实践中提升科学素养。

本案例通过思考与交流,让学生学会通过比较已有知识归纳认识事物的本质特征;通过实验探究,培养了学生主动探索科学规律的精神。

【化学案例九】

乙酸

【案例目标】

利用演示实验,培养学生的观察实验能力、归纳思维能力及解析思维能力;通过设计实验、动手实验,激发学习兴趣,培养求实、创新、合作的优良品质;通过讨论乙酸在生活和生产的应用,了解有机物跟日常生活和生产的紧密联系,渗透科学重要性的教育。

【案例知识点】

1. 掌握乙酸的物理性质及用途;
2. 理解乙酸的酸性;
3. 了解乙酸的酯化反应。

【教学过程】

教学环节	教师活动	学生活动
课堂引入	俗话说"民以食为天",在我们正式开始这堂课之前,老师先和大家一起了解一道名菜——糖醋鱼。 大家会做糖醋鱼吗?在制作的过程中,都需要加入哪些调味剂呢?酸味是来自于哪种调味剂呢?	学生分享糖醋鱼的制作方法。回答在制作过程中会加入白砂糖、食醋、料酒等调味剂。酸味来自于食醋
新课探究	食醋的主要成分是乙酸,乙酸也叫醋酸,是本节要和大家一起学习的内容。乙酸的分子式为 $C_2H_4O_2$,结构简式为 CH_3COOH。每个小组面前有一瓶乙酸,你能总结出它的物理性质吗?	各组学生对乙酸进行探索,观察其颜色、状态,闻其气味等,得到结论。 ①乙酸是一种无色、有刺激性气味的液体; ②乙酸能够与水以任意比混溶

教学环节	教师活动	学生活动
	这里要特殊和大家说明的是,纯净的乙酸我们叫作冰醋酸,为什么叫冰醋酸呢?大家来看一下这个实验。 演示实验: 将一瓶纯乙酸和一瓶乙酸的水溶液同时放入冰水浴中,片刻后同时取出,让学生观察现象	学生观察到纯乙酸中出现了冰晶,通过查阅课本,对乙酸的物理性质进行了补充。 ③乙酸的熔点较高,为16.6℃,沸点为117.9℃
新课探究	有一瓶乙酸和一瓶白酒,除了闻气味,你还可以用其他什么方法将二者区分开来呢? 为大家准备的药品有水垢(主要成分为$CaCO_3$)、食盐、白糖、石灰乳、盐酸、生锈的铁钉、镁粉、石蕊、发馒头用的纯碱等。 请大家分组进行实验并展示,说说你认为乙酸具有什么性质?	学生进行实验探究、分组展示。 ①乙酸可以将水垢溶解,白酒不可以。 ②乙酸可以使浑浊的石灰乳变澄清,白酒不可以。 ③乙酸可以除去铁钉上的铁锈,白酒不可以。 ④乙酸可以与镁粉反应并生成气泡,白酒不可以。 ⑤乙酸可以使紫色石蕊试剂变成红色,白酒不可以。 ⑥乙酸可以与纯碱反应并生成气泡,白酒不可以。 …… 通过分析,学生总结以上实验说明乙酸具有酸的通性。 经教师引导,利用乙酸与纯碱(主要成分为Na_2CO_3)的反应,说明乙酸的酸性比碳酸强

续表

教学环节	教师活动	学生活动
新课探究	请同学们将思维再次转移到糖醋鱼上来。我们知道糖醋鱼除了可口的味道之外,还有诱人的香味。这香味是从哪里来呢?原来,醋中的乙酸与酒中的乙醇能够进行酯化反应,生成有香味的酯,这是糖醋鱼香味的奥妙所在。请同学们自己进行实验,来寻找这种香味吧!	学生分组进行实验,跃跃欲试,并在教师的指导下写出乙酸与乙醇反应的化学方程式: $$CH_3COOH + C_2H_5OH \underset{\triangle}{\overset{浓硫酸}{\rightleftharpoons}}$$ $$CH_3COOC_2H_5 + H_2O$$
	通过本节的学习,同学们对乙酸的物理性质、化学性质都有了了解。生活中,以乙酸为主要成分的食醋、白醋等有很多妙用,你都知道哪些呢?	学生结合生活实际进行讨论
布置作业	归纳总结,请同学们以"生活妙招无"醋"不在"为主题做一份手抄报	学生对本节内容进行归纳总结,完成作业并展示

【教学素材】

素材一:杜康酿酒儿酿醋

传说,杜康发明酒后,与一家老小迁居镇江。杜康的儿子叫黑塔,也帮助父亲酿酒、泡酒糟。一天,黑塔醉后梦见一老者:"黑塔、黑塔,东边三口大缸里的酒糟,已泡了二十一日,到今天下午酉时,就能造出调味琼浆。"黑塔醒来,跑到三口大缸前一望,糟水渗出,飘出阵阵香气。舀出一点,味道香甜,还带点酸味,喝下舒服极了。黑塔将事情的经过告诉了父亲,杜康根据梦中老者"二十一日,酉时"的言语,将这种香喷喷、酸溜溜、甜滋滋的"糟水"取名为"醋"。从此,"杜康酿酒,儿酿醋"就这样流传下来。之后,镇江人对醋的制法进行改进,使其具有"色、香、酸、醇、浓"的五大特点,且存放愈久,味道愈香。

素材二:利用同位素示踪法解释酯化反应实质

乙醇与乙酸生成乙酸乙酯的反应是典型的脱水反应。但是水中的氧到底是来自于乙醇还是乙酸呢?这是微观领域,很难通过直接实验来确证。

但在生物上,生物学家们为了研究海豚或某类鱼的活动情况,常采用的方法是将一个跟踪器安装在其身体部位从而对它们的行踪进行监视。

这种方法对化学家们有了很大的启示,他们将含 ^{18}O 的乙醇与乙酸反应,反应后发现 ^{18}O 出现在乙酸乙酯中,而没有出现在水中。这种结果说明了酯化反应是酸脱羟基醇脱氢的脱水方式。

素材三:醋在生活中的应用

醋不仅可以洗去水垢,还可以除去饰品上的铁锈;擦皮鞋时在鞋油里加几滴醋,皮鞋会更光亮;洗毛衣时加几滴醋,毛衣会焕然一新。在冰箱放上一小碗醋可以去除冰箱内的异味;在刚喷上油漆的新房间内放上一大碗醋,过几天就会发现油漆味没有那么浓烈了,再放几天就能很好地祛除油漆味了。用醋漱口可以防感冒;吃黄豆泡醋可以降血压;醋饮料还可以美容养颜,让我们青春永驻。喝醉后,可以将醋和温开水混合,然后喝下,可以有效解酒和帮助保护肝、胃;将醋和蜂蜜入温开水中搅拌后一起喝下,可以治疗失眠。另外,乙酸是重要的化工原料,在医药、农药、合成纤维、涂料等方面都有广泛的应用。

【案例分析】

食醋是日常生活必不可少的重要调味品,学生对醋是很熟悉的,从让人垂涎欲滴的糖醋鱼引入本课,能使学生感觉到化学来自生活,又能用化学原理来解释生活事实,从而渗透科学重要性的教育。

本案例充分发挥了学生的主体性,通过让学生自行探究、观察教师演示实验等方式,让学生对乙酸的物理性质进行总结;通过分组实验,让学生对乙酸的酸性进行体会。这种组间合作,使学生能够相互学习,以人之长补己之短,同时加强学生的合作意识,增强团队精神,提高实验操作能力,加强实验的安全意识、规范意识、养成良好的科学习惯。通过对食醋生活中的用途的讨论,树立了乙酸与人类的生产生活是密切相关的价值观。

本案例强调了化学在生产、生活和社会发展中的重大作用,培养了学生学以致用的能力,养成学生关心社会和生活实际的积极的态度,增强学生的社会责任感,提高了学生的科学素养。

【化学案例十】

改善大气质量

【案例目标】

引导学生自主学习,培养学生搜集处理信息、获取新知识的能力。激发学生的参与意识,培养学生的合作精神,锻炼学生分析问题的思路和探究能力,培养学生交流与合作的能力。使学生进一步认识化学与环境的关系,增强学生的社会责任感。

【案例知识点】

1. 掌握室外空气污染造成的问题有酸雨、臭氧空洞、温室效应等;
2. 掌握造成上述问题的污染物的来源;
3. 掌握室内污染物及来源,掌握保持室内空气清新的方法。

【教学过程】

教学环节	教师活动	学生活动
课前准备	课前布置学生以小组的形式查阅当今全球大气污染的现状,并选出几名同学代表,参与小品《新"杞人忧天"》的表演。教师饰演小品中"路人"的角色	学生查阅资料并积极准备
新课探究	教师:这不是"杞国三杰"吗？你们怎么在这里愁眉苦脸的呢？	杞人甲乙丙:我们担心这蓝天会塌下来,这大地会陷下去,到时候我们怎么办啊？越想越吃不下饭,睡不着觉,惶惶不可终日啊！ 杞人甲:你看这大气中的污染物越来越多,有的地方还下起了酸雨。它直接引起了江河湖泊和土壤的酸化,危及水生生物和陆生生物的生存;酸雨还能加速

续表

教学环节	教师活动	学生活动
		房屋、桥梁、堤坝、管道甚至文物古迹和人文景观等的腐蚀;对我们人类健康也造成了影响。这可怎么办呀?
新课探究	你说的情况确实存在。大气中的污染物可以分为颗粒物、硫的氧化物(SO_2和SO_3)、氮的氧化物(NO和NO_2)、CO、碳氢化合物,以及氟氯代烷等。自然界中正常的雨水pH约为5.6,当降水的pH小于5.6时就称为酸雨。我国主要以硫酸型酸雨为主,这是我国以煤炭为主的能源结构造成的。请同学们思考,人们应该采取什么样的对策呢?	学生分享查阅的资料,讨论后回答。针对我国的现状,应该减少煤等化石燃料燃烧产生的污染。应该改善燃煤质量;改进燃烧装置和燃烧技术;发展洁净煤技术;调整和优化能源结构
	杞人甲的问题解决了,你们还有什么苦恼呢?	杞人乙:不仅是酸雨,你知道吗,天都漏啦!大气中的臭氧层是多么重要的东西啊,它可以吸收来自太阳的大部分紫外线,使地球上的生物免遭伤害。现在在南极和北极的上空都发现了臭氧层的空洞。这可怎么办呀?
	教师:人类活动排入大气的某些化学物质如氟氯代烷和含溴的卤代烃(灭火剂,商品名为哈龙)等与臭氧发生作用,使臭氧层受到破坏。哪位同学能帮助他们解决一下呢?	学生讨论后回答。应减少氟氯代烷等物质的使用,找到替代物质。人类也已经采取了"补天"行动,签订了国际公约,减少并逐步停止氟氯代烷等的生产和使用
	这是一项任重而道远的任务,需要我们一代代人不懈的努力和严格的约束力	杞人丙:这还不算。温室效应导致了全球气候变暖,这可能导致两极冰川的融化使海平面升高,淹没沿海城市,气候变得干旱,农业区退化成草原,干旱区会变得更干旱,土地沙漠化,使农业减产。这可怎么办呀?

教学环节	教师活动	学生活动
新课探究	CO_2是主要的温室气体,我们要尽量减少CO_2的排放,怎样做到呢?	学生讨论后回答。化石燃料的燃烧是CO_2人为排放的主要来源,我们应该节能减排
	还有其他可以减少大气污染的方法吗?	学生讨论回答。人们应该减少汽车等机动车尾气污染,并减少室内污染
布置作业	非常棒!看来大家做了充足的课前准备,请大家做一份环保小报,希望我们能够爱护环境,从我做起,并带动周围人,共同减少对大气的污染,让"杞人"不再"忧天"	学生对本节内容进行归纳总结完成课后作业

【教学素材】

素材一:氟氯代烷的功与过

20世纪20年代,当时的冰箱使用一些有毒且危险的气体(其中包括氨、二氧化硫和丙烷)作为制冷剂,因为时常泄漏,所以这些制冷剂非常危险。美国化学家小托马斯·米奇利在元素周期表的指导下,认为氟和其他较轻的非金属元素形成的化合物可以制成性能优良的制冷剂。经过两年的艰苦实验,他合成出二氟二氯甲烷(也称氟利昂),这种化合物具有理想的制冷效果,从而在20世纪30年代初开始投入大批量生产,氟氯代烷广泛用作制冷剂、喷雾剂、发泡剂、清洁剂等,给人类尤其是发达国家带来难以估量的利益。但是随着社会的发展,人们越来越认识到氟氯代烷辉煌的背后却隐藏着罪恶,它是破坏地球生命的"保护神"——高空臭氧层的主要物质。美国于1974年开始禁止使用氟利昂。随后其他国家也纷纷颁布法律和条令限制或者禁止使用这种物质。从此,氟氯代烷走上衰亡之路。

素材二:含铅汽油的替代物

为了改善汽油机中汽油的燃烧,减少爆震现象,人们常向汽油中添加抗爆震剂,四乙基铅就是最早使用的抗爆震剂。然而,含铅汽油的广泛使用带来了严重的铅污染,铅对人体的神经系统有特别严重的损害作用。

目前世界上许多国家都已经限制汽油中铅的加入量,我国在全国范围内也将逐渐实现汽油无铅化。目前广泛使用的无铅汽油抗爆震剂是甲基叔丁基醚。然而,目前对甲基叔丁基醚对人体是否会造成危害还有争议,但迄今为止尚未找到合适的替代物。

素材三:世界上几起严重的空气污染事件

(1)"马斯河谷"事件。

1930年12月1日开始,整个比利时由于气候反常变化被大雾覆盖。在马斯河谷还出现逆温层,雾层尤其浓厚。在这种气候反常变化的第3天,这一河谷地段的居民有几千人呼吸道发病,有63人死亡,为同期正常死亡人数的10.5倍。发病者包括不同年龄的男女,症状是:流泪、喉痛、声嘶、咳嗽、呼吸短促、胸口窒闷、恶心、呕吐。咳嗽与呼吸短促是主要发病症状。

(2)"多诺拉烟雾"事件。

多诺拉是美国宾夕法尼亚州的一个小镇,位于匹兹堡市南边30公里处,有居民1.4万多人。多诺拉镇坐落在一个马蹄形河湾内侧,两边高约120米的山丘把小镇夹在山谷中。多诺拉镇是硫酸厂、钢铁厂、炼锌厂的集中地,多年来,这些工厂的烟囱不断地向空中喷烟吐雾,以致多诺拉镇的居民们对空气中的怪味都习以为常了。由于小镇上的工厂排放的含有二氧化硫等有毒有害物质的气体及金属微粒在气候反常的情况下聚集在山谷中积存不散,这些毒害物质附在悬浮颗粒物上,严重污染了大气。人们在短时间内大量吸入这些有害的气体,引起各种症状,全城14000人中有6000人眼痛、喉咙痛、头痛胸闷、呕吐、腹泻,20多人死亡。

(3)"伦敦烟雾"事件。

1952年12月4日至9日,伦敦上空受高压系统控制,大量工厂生产和居民燃煤取暖排出的废气难以扩散,积聚在城市上空。伦敦城被黑暗的迷雾所笼罩,马路上几乎没有车,人们小心翼翼地沿着人行道摸索前进。大街上的电灯在烟雾中若明若暗,犹如黑暗中的点点星光。直至12月10日,强劲的西风吹散了笼罩在伦敦上空的恐怖烟雾。

当时,伦敦空气中的污染物浓度持续上升,许多人出现胸闷、窒息等不适感,发病率和死亡率急剧增加。在大雾持续的5天时间里,据英国官方的统计,丧生者达5000多人,在大雾过去之后的两个月内有8000多人相继死亡。此次事件被称为"伦敦烟雾事件",成为20世纪十大环境公害事件之一。

【案例分析】

随着科学技术的迅猛发展,人类创造了空前丰富的物质财富。而与此同时,自然资源的过度开发和消耗,污染物的大量排放,也导致了全球性的资源短缺、环境污染和生态恶化。环境污染问题与每个人都息息相关,本案例使学生意识到我们的每一点措施和举动都会对环境造成影响,让学生进一步体会到化学就在我们身边,增强了学生的社会责任感和使命感。

本案例要求学生在课前充分预习,通过学生自己分析、查阅资料,培养了其表达、分析能力,使学生逐步掌握分析、抽象概括的科学方法。本案例以小品的形式贯穿整节内容,形式新颖,极大地调动了学生的参与度,激发学生学习兴趣。

本案例激发了学生参与意识,培养了学生的合作精神,锻炼了学生分析问题的思路,从整体上提高了学生的科学素养。

二、物理课程典型案例分析

【物理案例一】

波的形成和传播

【案例目标】

本案例遵守"以问题为中心"的设计思想,将核心知识转化为问题,围绕核心问题构建"问题链",以问题为驱动力,引导学生参与课堂活动:观察现象、思考问题、动手探究、总结规律。通过个体、小组、集体活动,提出问题,获取知识,构建核心概念,感受科学研究方法,培养学生的观察和思考能力,提升探究能力,体验学习的乐趣。

【案例知识点】

1. 理解波的形成与传播,知道产生机械波的条件;

2. 了解波的分类:横波和纵波;

3. 知道机械波,理解机械波传播振动形式,传递能量和信息。

【教学过程】

教学环节	教师活动	学生活动
导入新课	[教师演示] 1. 生活实例:风景中的水波图片、奥运会赛场上艺术体操项目的带操运动员抖动绸带、北京地球卫星通信接收站、B型超声波、移动通信。	观察实例和视频,感受生活中的波动现象。重温奥运,提高兴趣

教学环节	教师活动	学生活动
导入新课	2. 播放视频:2008年奥运会开幕式"活字印刷"表演形成波浪的片段 [教师提问] 从刚才这些的例子中,我们都可以看到一种起伏的运动形式,它是什么呢? [教师总结] 波动与我们之前学过的直线运动、圆周运动一样,都是我们自然界广泛存在的运动形式	
新课探究	[教师提问] 请同学们再举出几个有关波的例子。 [教师总结] 水波、声波、地震波都是机械波,无线电波、光波都是电磁波。这一章我们学习机械波的知识,以后还会学习电磁波的知识。我们把水波、绳波、声波这些波动都叫作机械波,这一章我们就来学习机械波的知识。首先一起来学习机械波的第一节内容:波的形成和传播	学生举例,活跃气氛;让学生在大量生活实例中感触波的存在,增强感性认识
新课讲解	一、波的形成和传播 [教师引导] 刚才我们看到了奥运会上的"活字印刷"表演形成波浪,下面我们找同学来模拟游戏"人浪的形成"。 [教师提问] 哪位同学能为大家用自己的话描述一下刚才看到的现象?	学生参加"人浪的形成"游戏,亲身体验物理过程,激发学习物理的兴趣,并增强相互间的协作意识,竖立模范、榜样的领头羊作用

教学环节	教师活动	学生活动
新课讲解	[教师总结] 最开始运动的那名同学在刚才过程中的作用至关重要,他提供了让大家运动起来的动力和能量。所以从刚才的现象中我们可以知道:要形成人浪的波动,就要让一名同学先运动,他就是波形成的一个必备条件,我们把这个条件叫作波源。 [教师提问] 刚才我们看到绸带形成的波的波源是什么呢? [教师引导] 那么是否有了波源就一定会产生波呢?刚才的游戏我们看到,当最后大家把挽着的胳膊放下,再闭上眼睛,重复之前的过程,却不会形成人浪。这时有波源在运动,可是却没有波动形成,这是为什么呢? 这说明要使波产生,仅有波源一个条件是不够的,还需要什么条件呢? 下面我们通过声波的例子来探究一下	
实验探究	[教师引导] 实验:"真空中的声波" [教师提问] 哪位同学能用自己的话描述一下刚才的现象? 为什么在抽完气后听不到装置中的声音了?	

教学环节	教师活动	学生活动
实验探究	[教师引导] 为什么没有了空气就没有了声音呢？我们平时能够听到声音是因为声波传播到了我们的耳中，而空气在这过程中相当于传递声波的物质。我们把像空气这种能够传递相互作用的物质叫作介质。 [教师总结] 只要具备了波产生的两个条件：波源与介质，波就可以产生了。波源的振动带动和它相连的介质的振动。而由于介质能发生相互作用，使得与这部分相连的部分也开始振动，依次传递便形成了波	学生观察实验过程,仔细听钟罩内声音的变化
概念形成	二、波的分类：横波与纵波 [教师讲解] 学生观察"绳波的传播"实验中质点的振动方向与波的传播方向的关系,引出横波、波峰、波谷的概念。 （一）横波 1.　横波定义：质点的振动方向跟波的传播方向垂直的波叫作横波。 2.　波峰：在横波中凸起的最高处叫作波峰。 3.　波谷：在横波中凹下的最低处叫作波谷。 4.　横波也叫凹凸波。 （二）纵波 1.　纵波定义：质点的振动方向跟波的传播方向在同一直线上的波叫作纵波。 2.　密部：在纵波中,质点分布最密的地方叫作密部	学生观察一列凸凹相间的波形向绳子的另一端传去,形成了波,同时有红色标志的点在其原位置附近做上下振动,不会发生迁移 认真聆听,记录笔记

续表

教学环节	教师活动	学生活动
概念形成	3. 疏部:在纵波中,质点分布最疏的地方叫作疏部。 4. 纵波也叫疏密波。 三、机械波 1. 机械波:机械振动在介质中的传播。 2. 介质和波源:介质——借以传播波的物质波源——保持持续振动的物体。 3. 产生机械波的条件:同时存在振源和介质	
归纳总结	1. 波的形成条件:波源与介质。 2. 波的传播特点: (1)由近及远依次振动; (2)介质中不随波迁移; (3)传播振动形式、能量和信息; 3. 波的分类:横波与纵波	学生总结归纳

【教学素材】

素材一:2008 年奥运会开幕式"活字印刷"表演形成波浪的片段

中国汉字是世界上最古老的文字之一,古老的汉字承载着中华文明久远深邃的历史,在这一篇章的表演中,我们将看到中国汉字的魅力。此刻孔子的三千弟子手持竹简高声吟诵,缓缓步入场内,《论语》中经典名句响彻耳畔。

完整的巨幅画卷中间,魔幻出现了立体活字印刷体,方板汉字凹凸起伏,不断地变化。整个活字印刷板如微风拂过,层峦叠嶂,如水波涌动,此消彼涨,充满动感的表演,将为我们呈现中国汉字的演化过程。活字印刷板中间出现了中国古代的"和"字,第二个古体的"和"字出现。此刻我们看到了现代字体的"和",一个和字茌苒千年,发展变化,表达了孔子的人文理念和为贵,彰显出中华民族的和谐观,历史悠久,传统优良。此刻巨大的活字印刷板变化出万里长城的雄伟之姿,这座人类文明史上最伟大的建筑工程之一,是中国古代劳动人民勇气和智慧的结晶,象征中华民族坚强不屈的脊梁。无数立体的桃花出现在活字印刷板的顶端,雄伟的长城形象被优美的桃花覆盖,让人瞬间置身于满园春色,和谐浪漫的桃花仙境,表达中国人热爱和平的美好心愿。

素材二:游戏"人浪的形成"

(1)10名同学手挽手站成一排,闭上眼睛,让旁边的一名的同学每隔2s蹲下站起一次。其他同学根据自己的感受做动作。

(2)睁开眼睛,观察自己的运动状况和大家整体的运动。

(3)让最初运动的同学停止运动。

(4)让大家把挽着的胳膊放下,再闭上眼睛,让旁边的那名同学每隔2s蹲下站起一次,没有人浪形成。

素材三:实验"真空中的声波"

实验装置:钟罩实验仪,在密闭的装置中有一发声装置,可通过一个排气孔,对装置进行抽气与充气。

实验过程:

(1)接通电动喇叭,让同学听装置中的声音,引导大家猜测在抽气后的状况。

(2)对钟罩装置进行抽气。

(3)引导大家思考听到声音变化的原因,猜测停止抽气后,充气过程声音的变化。

(4)停止抽气,充气。

素材四:实验"绳波的传播"

实验装置:长约1.5m的麻绳,绳子中的一点系上一圈红布,做出明显的标记。

实验过程:

(1)请一名同学参与到实验中来,他拿住绳子一端固定不动,教师手拿另一端水平拉直,上下抖动。

(2)请同学观察标记点的运动状况,会不会随波向波的传播方向迁移。

【案例分析】

贯通基础阶段学生年龄特征决定了他们具有较强的好奇心,而对于直接给出的结论或判断让他们去记忆较为反感,也激不起学习的兴趣。于是本案例将突破重难点、疑点的寻求途径交给学生自行去实践探究,注重互动与实验,充分的调动学生的积极性,让学生通过视频与实验观察物理现象、通过游戏切身体会物理过程,并通过不断的设问与解决问题,引导学生探究物理知识。既符合学生的心理特征,又适应体现学生主体地位、培养学生创新能力的教学主旋律。

【物理案例二】

功

【案例目标】

本案例从学生已学的知识出发,循序渐进,通过小组讨论,提出问题,分析问题,获取知识,构建核心概念,得出结论,遵循学生的认知规律;采用启发和引导学生对它们加以综合比较,进一步完善和巩固"功"的概念,感受科学研究方法,培养学生的观察和思考能力,提升探究能力。

【案例知识点】

1. 理解功的概念和做功的两个必要因素;

2. 掌握功的公式,会用公式进行有关的计算,知道功的单位;

3. 知道功是标量,理解正功和负功的含义,能正确判断正功和负功。

【教学过程】

教学环节	教师活动	学生活动
导入新课	[教师演示] 播放视频:重温"神舟七号载人飞船"直击长空,振奋人心的发射录像。 [教师引导] 播放视频,教师讲解,说明在燃料燃烧的推力作用下,火箭冉冉升起于碧空之中。这个过程涉及了今天要学习的内容——功	观察视频,重温"神舟七号载人飞船",提高兴趣,产生强烈的学习愿望

续表

教学环节	教师活动	学生活动
导入新课	[教师引导] 今天我们学习"功",先做一个讨论,汉字中"功"有哪些意义?各组一词加以说明,以小组形式提交观点。 [教师总结] 通过同学们的讨论,我们发现功有多重意义,但今天我们讲的功是物理学上的功	学生小组讨论,交流讨论,指定一名组员汇报
新课探究	一、功的概念 [教师提问] 在初中的学习当中什么叫作力对物体做了功?功的两个必要因素是什么? [学生回答] 力与物体在力的方向上通过的距离。 [教师引导] 贯通基础阶段,我们学习了位移,那么如何准确的描述做功的两个必要因素呢?如何用贯通基础阶段所学的知识来重新概括功的概念呢? [教师总结] 一个物体受到了力的作用,并在力的方向上发生了一段位移,这个力就对物体做了功。 做功的两个必要因素:力与物体在力的方向上发生位移。 [教师引导] 下面根据做功的两个必要因素,判断下列活动是否做功?	学生回忆和复习初中已学过的功的概念和功的两个必要因素 思考老师提出的问题,在老师的引导思考,回答问题 通过分析、讨论、归纳,认识到做功的两个因素:①作用在物体上的力。②物体在力的方向上发生的位移

续表

教学环节	教师活动	学生活动
新课探究	活动1:当你扛着行李站着不动等车时,你累吗? 你做功了吗? 为什么? 活动2:用脚踢出的足球,球在地面上滚动,滚动过程中,人对球做功了吗? 活动3:我们拖着行李箱回家时,箱子的重力和支持力做功了吗? 为什么? [教师总结]功的两个因素:①作用在物体上的力。②物体在力的方向上发生的位移	
新课讲解	二、功的计算 [教师讲解] 问题1:物体m在水平力F的作用下水平向前行驶的位移为l,如图甲所示,则力F对物体所做的功为:$W = FL$ 问题2:物体m在与水平方向成α角的力F的作用下,沿水平方向向前行驶的距离为l,如图乙所示,则力F对物体所做的功为:$W = Fl\cos\alpha$ [教师总结] 展示学生的推导结果,点评、总结,得出功的定义式。力F对物体所做的功等于力的大小、位移的大小、力和位移夹角的余弦这三者的乘积。即: $$W = Fl\cos\alpha$$	根据老师设置的问题,分小组讨论,思考老师提出的问题1和问题2,根据功的概念推导,合作交流,选小组代表发言 在教师的指导下进一步体会计算功的公式

教学环节	教师活动	学生活动
新课讲解	三、正功和负功 [教师提问] 力对物体做正功或负功时有什么物理意义呢? 结合生活实际,举例说明。 [教师引导] 通过上边的学习,我们已明确了力 F 和位移 l 之间的夹角,并且知道了它的取值范围是 $0° \leq \alpha \leq 180°$。那么,在这个范围之内,$\cos\alpha$ 可能大于0,可能等于0,还有可能小于0,从而得到功 W 也可能大于0、等于0、小于0。 [教师总结] 力对物体做功向物体提供能量,即受力物体获得了能量。负功的意义是:物体克服外力做功,向外输出能量(以消耗自身的能量为代价),即负功表示物体失去了能量。功是能量转化的量度	学生认真阅读教材中的正功和负功资料,思考老师的问题
典型例题	四、合力做功 [教师提问] 刚才我们学习了一个力对物体所做功的求解方法,而物体所受到的力往往不止一个,那么,如何求解几个力对物体所做的功呢? 例题:一个质量 $m=2kg$ 的物体,受到与水平方向成 30° 角斜向上方的拉力 $F_1=$ 100N,在水平地面上移动的距离 $l=10m$。物体与地面间的滑动摩擦力 $F_2=40N$。求外力对物体所做的总功	专心听老师分析讲解。①求出各个力所做的功,则总功等于各个力所做功的代数和;②求出各个力的合力,则总功等于合力所做的功

续表

教学环节	教师活动	学生活动
典型例题	[教师总结] 物体在几个力的作用下,这些力对物体做的总功有两种算法。①求各个力做功的代数和;②求合力做的功	
归纳总结	1. 功的概念和做功的两个必要因素。 2. 功的公式,功的单位。 3. 正功和负功的含义	学生总结归纳
布置作业	阅读著名作家冯骥才的散文《挑山工》,体会里面所涉及功的内容	认真阅读

【教学素材】

素材一:神舟七号载人航天飞船

神舟七号载人航天飞船于2008年9月25日21点10分04秒988毫秒从中国酒泉卫星发射中心载人航天发射场用长征二号F火箭发射升空。飞船于2008年9月28日17点37分成功着陆于中国内蒙古四子王旗主着陆场。神舟七号飞船共计飞行2天20小时27分钟。神舟七号载人飞船(Shenzhou-Ⅶ manned space-ship)是中国神舟号飞船系列之一,用长征二号F火箭发射升空。是中国第三个载人航天飞船。突破和掌握出舱活动相关技术。神舟七号载人飞船科研单位是中国航天科技集团公司所属中国空间技术研究院和上海航天技术研究院。

素材二:小组讨论内容

我们学习"功",汉字中"功"有哪些意义? 小组形式提交观点可能包括:

(1)"功"是劳绩,成绩,与"过"相对。如"功劳""论功行赏"等。

(2)"功"是成就,成效。如"成功""急功近利"等。

(3)"功"是物理学中的一个物理量,等于力乘以移动的距。

(4)"功"是本领,能耐。如"功夫""功到自然成"等。

【案例分析】

贯通基础阶段学生年龄特征决定了他们具有较强的好奇心,本案例充分调动学生的积极性,使学生经历从特殊到一般的过程,引导学生探究物理知识,指导学生从不同角度认识、用不同方法解决同一个问题,培养科学思维、方法,既符合学生的心理特征,又适应体现学生主体地位、培养学生创新能力的教学主旋律。

【物理案例三】

自由落体运动

【案例目标】

本案例由学生自主进行不同层次的实验探究,从探究物体下落快慢与质量的关系开始,接着探究物体自由下落的运动规律和加速度,直到最后利用自由落体规律探究生活中一些自由落体运动的规律。在探究过程中让学生进一步体验科学探究方法:

1. 学生通过探究,调动学生积极参与讨论,培养学生学习物理的浓厚兴趣;

2. 引导学生养成进行简单物理研究习惯、根据现象进行合理假设与猜想的探究方法;

3. 引导学生学会分析数据,利用实验数据分析并能归纳总结出物理规律的方法;

4. 善于进行观察,并能独立思考或与别人进行讨论、交流。培养学生的团结合作精神和协作意识,敢于积极探索并能提出与别人不同的见解。

【案例知识点】

1. 理解自由落体运动的概念和条件;

2. 掌握重力加速度的概念,知道它的大小和方向,了解不同地方加速度不同;

3. 掌握自由落体运动的规律,并能够运用自由落体运动的规律进行计算,解决某些实际生活中的问题;

4. 掌握自由落体运动的性质。

【教学过程】

教学环节	教师活动	学生活动
导入新课	[教师引导] 小游戏:巧克力在手中释放,看学生能否抓住。几乎同学抓都无法抓住,是同学们反应太慢吗? [教师总结] 其实根据物体下落的规律,同学是很难抓住巧克力的,这是怎么回事呢? 那就随我一起来探究物体下落的规律吧	分组游戏,激发学习兴趣,并增强相互间的协作意识
新课探究	[教师提问] 物体下落快慢是不是取决于物体的质量大小? [教师引导] 1. 小实验引入新课:观察硬币和纸片的下落快慢。 2. 播放录像短片:比萨斜塔实验。回顾历史,进一步引发学生猜想。引导学生观察录像短片中两个球的运动情况。 3. "钱毛管"实验。引导学生观察抽去空气的玻璃管中金属片和羽毛同时从静止下落时的快慢是否相同。 4. 月球上的实验:1971年美国宇航员在月球表面将锤子和羽毛同时释放,它们同时落在月球表面的故事	学生认真思考,通过观察演示实验,借助实验事实验证自己的猜想正确与否,并做出初步的结论:物体下落快慢与轻重无关
实验探究	一、自由落体运动 物体只在重力作用下由静止开始下落的运动(因为忽略了空气的阻力,所以是一种理想的运动,是初速度为零、加速度为 g 的匀加速直线运动)	

教学环节	教师活动	学生活动
实验探究	[教师引导] 实验探究1:让学生裁两张大小不同的纸片,保证它们质量不同,然后把两纸片揉成紧紧地小纸团,从同一水平高度释放,观察哪个纸团先落地。 [教师总结] 同学们,刚才大家都看到了自由落体运动,下面请你们根据自己的观察,说说或猜猜自由落体有何运动特征? 怎样去验证你们的猜想呢? 实验探究2:用打点计时器。 [教师引导] 演示规范的实验操作,并提出注意事项:把纸带一端固定在重锤上,让重锤做自由落体运动,那么纸带也随重锤做自由落体运动,通过打点计时器就可以记录下纸带在连续相等时间内的位移。引导学生在上述交流的基础上,归纳在实验中所测得的自由落体加速度,总结出规律	学生分组,参与实验。亲身感受:由于小纸团受到的空气阻力较小,所以同时落地,即可以看作自由落体运动,由此可以推广到其他类似情况 学生分组实验并记录数据
归纳性质	[教师讲解] 二、自由落体运动规律 速度时间关系:$v_t = gt$ 下落高度:$h = gt^2/2$ 速度与高度关系:$v_t{}^2 = 2gh$ 三、重力加速度:同一地点物体自由下落的加速度都是相同的,称为重力加速度。通常用 g 表示。	学生积极思考,认真记录笔记

续表

教学环节	教师活动	学生活动
归纳性质	$g=9.8m/s^2$ 方向竖直向下	
总结作业	引导学生做一做《测反应时间》,将学生测得的数据记录在 excel 表格中,直接得到几位同学的反应时间。 介绍人的一般反应时间在 0.15～0.4s 回到上课前,回答为什么接不住巧克力	

【教学素材】

素材一:"钱毛管"实验

"钱毛管"实验又叫"牛顿管"实验,这个实验的目的是为了让学生首次亲眼看到真空中轻重不同的物体下落快慢一样这一不争的事实,对于验证亚里士多德"重物体比轻物体下落快"这一结论的错误性和帮助学生理解伽利略落体运动的规律有着不可替代的重要作用。

先观察抽成真空的"钱毛管"中的金属片、小羽毛、小软木塞在没有空气阻力时,下落加速度都相同。接着打开"钱毛管"上的开关,让空气进入"钱毛管"里,再把"钱毛管"倒立起来,这时可以看到这些物体下落的快慢是不同的,前后两次实验的对比分析,突出了阻力对下落快慢的影响,形成了"重力加速度与质量无关"的正确概念。

素材二:打点计时器

实验装置:打点计时器、交流电源、纸带、重物与铁夹、铁架台

实验过程:

(1)把打点计时器竖直固定在铁架台上,连接好电源。

(2)把纸带穿过两个限位孔,下端通过铁夹将重物和纸带连接起来,让重物靠近打点计时器。

(3)用手捏住纸带上端,把纸带拉成竖直状态,先接通电源,再松开纸带让重物自由下落,计时器在纸带上打下一系列的点。

（4）重复几次，选取一条点迹清晰的纸带分析。

数据分析：（1）用刻度尺测量打点计时器打出的纸带上各点间的距离。（2）用 $v_n = \dfrac{x_n + x_{n+1}}{2T}$ 求出各点的瞬时速度，作 $v - t$ 图像，图像是一条过原点的向上倾斜的直线，斜率表示加速度。

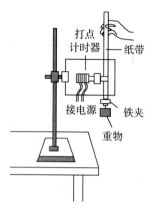

【案例分析】

　　贯通基础阶段学生年龄特征决定了他们具有较强的好奇心，而对于直接给出的结论或判断让他们去记忆较为反感，也激不起学习的兴趣。于是本案例将突破重难点、疑点的寻求途径交给学生自行去实践探究，注重互动与实验，充分的调动学生的积极性，让学生通过视频与实验观察物理现象、通过游戏切身体会物理过程，并通过不断的设问与解决问题，引导学生探究物理知识。既符合学生的心理特征，又适应体现学生主体地位、培养学生创新能力的教学主旋律。

【物理案例四】

力的合成

【案例目标】

本案例经历科学探究过程,通过提出问题,猜想与假设,设计实验方案,采集分析实验数据,归纳总结互成角度的两个共点力的合成遵循平行四边形定则。通过实验探究过程,激发学生的学习兴趣,发挥学生的积极性、主动性和创造性。在此过程中培养学生的科学思维,体验科学探究过程,养成严谨求证,实事求是的科学态度,逐步养成用科学方法与科学知识理解和解决实际问题的习惯,提高科学素养。

【案例知识点】

1. 理解合力与分力的概念,知道什么是力的合成;

2. 掌握力的"平行四边形定则",会用作图法求两个共点力的合力;

3. 知道共点力的概念,会计算在同一直线上的几个力的合力,会用直角三角形知识计算两个力的合力。

【教学过程】

教学环节	教师活动	学生活动
导入新课	[教师演示] 1. PPT展示图片,《曹冲称象》是人人皆知的历史故事,请同学们结合下面的图片回忆故事情节,想一想曹冲是利用什么原理和方法"称出"大象的重量的呢?	学生思考回答:大象的重力和石头的重力作用效果相同可以替代

教学环节	教师活动	学生活动
导入新课	 2. 一个人用力 F 可以把一桶水慢慢地提起，也可以两个人分别用 F_1、F_2 两个力把同样的一桶水慢慢地提起。那么力 F 的作用效果与 F_1、F_2 的共同作用的效果如何？ ［教师引导］ 由于力 F 产生的效果与力 F_1 和 F_2 共同产生的效果相同，力 F 就叫作力 F_1 和 F_2 的合力。这种"等效代替"的方法是物理学中常用的方法。 ［教师总结］ 一个力，如果它产生的效果与几个力共同作用时产生效果相同，那么这个力就叫作几个力的合力，而这几个力就称为这个合力的分力	学生认真思考，积极回答：力 F_1 和 F_2 共同产生的效果与力 F 产生的效果相同，即均使水桶处于静止状态
新课探究	［教师提问］ 取一个质量较大的砝码放在桌面上，要用细棉线把它提起来，用一根线易断还是两根线易断？ ［教师演示］ 用一根细线可将砝码稳稳地提起，而用两根同样的细线（故意使两线间有一较大夹角）提砝码时，细线断开了	学生带着"悬念"思考问题，求知欲望油然而生

教学环节	教师活动	学生活动
新课探究	[教师引导] 为什么两根线的作用效果反而不如一根线呢？同学们猜测一下合力和分力之间可能存在什么关系？ 合力大小比每个分力大小都大？ 合力大小等于两分力大小之和？ 合力大小总小于两分力大小之和？ 合力和两分力的关系构成平行四边形？ 合力为其中一条对角线？互成角度的两个力如何合成呢？合力的大小方向与两个互成角度的分力大小方向有什么关系呢？	同学们积极思考,踊跃发言
实验探究	[教师引导] 设计实验要解决的问题: 1. 如何实现合力与分力作用效果相同; 2. 如何测量力的大小; 3. 如何记录力的方向。 [教师总结] 根据学生实验,寻找规律后得出实验结论:在误差范围内,F几乎是F_1、F_2为邻边	学生分组合作,讨论交流,在实验探究的过程中,由教师引导,在实验中探究体会不同方向上力的合成

续表

教学环节	教师活动	学生活动
实验探究	的平行四边形的对角线。用表示两个力的有向线段为邻边作平行四边形，这两邻边之间的对角线就表示合力的大小和方向。这就叫平行四边形定则	
归纳总结	这节课主要学习了力的平行四边形定则，要求会用作图法求两共点力的合力	学生总结归纳
布置作业	《天鹅、大虾和梭鱼》是小学二年级的一篇课文，它从反面讲了不合作办不成事的道理。请大家从物理学的角度用力的合成的方法分析一下，(1)天鹅、大虾和梭鱼都用了最大的力却为什么拉不动小车?(2)如何求解三个力的合力?(3)三个力的合力的最小值和最大值分别是多大呢?	进一步提出问题探究思考，记录作业，准备下课

【教学素材】

素材一：曹冲称象

《三国志》：冲少聪察，生五六岁，智意所及，有若成人之智。时孙权曾致巨象，太祖欲知其斤重，访之群下，咸莫能出其理。冲曰："置象大船之上，而刻其水痕所至，称物以载之，则校可知矣。"太祖大悦，即施行焉。

素材二：实验"力的合成"

实验过程：

(1)把放木板固定在黑板上，用图钉把白纸固定在木块上。

(2)用图钉把橡皮条一端固定在 A 点，结点自然状态在 O 点，结点上系着细绳，细绳的另一端系着绳套。

(3)用两弹簧秤分别勾住绳索，互成角度地拉橡皮条，使结点到达 O' 点。让学生记下 O' 的位置，用铅笔和刻度尺在白纸上从 O' 点沿两条细纸的方向画线，

记下 F_1、F_2 的力的大小。

(4)放开弹簧秤,使结点重新回到 O 点,再用一只弹簧秤,通过细绳把橡皮条的结点拉到 O',读出弹簧秤的示数 F,记下细绳的方向,按同一标度做出 F_1、F_2 和 F 的力的图示。

(5)用三角板以 F_1、F_2 为邻边作平行四边形,比较对角线和力 F。

【案例分析】

贯通基础阶段学生年龄特征决定了他们具有较强的好奇心,而对于直接给出的结论让他们去记忆较为反感,也激不起学习的兴趣。本案例的教学设计侧重于学生的过程体验,课堂充分体现教师主导和学生主体的教学思路,充分体现新课改教学大纲的培养学生物理学科核心素养的思想。在实验探究过程中进一步体会实验过程,加深学生对实验探究的认识,形成科学探究严谨求实,大胆创新的科学态度,更具有成就感,增加对物理学科的兴趣。作业环节培养从物理视角分析问题的习惯,激发进一步探究的兴趣,课后巩固所学知识,达到温故知新的效果。

【物理案例五】

磁现象和磁场

【案例目标】

本案例遵循"从充满问题的现象入手,从实验中发现本质,从本质中体会应用"这一思路,采用以问题为主线、实验为基础的教学策略,围绕磁场的特点,重点引导学生对磁现象和磁场知识的生活体验,了解我国古代在磁现象方面的研究成果及其对人类文明的影响,增强爱国主义情结。通过知识的学习,培养学生学科学、爱科学、用科学的精神,树立起事物之间存在普遍联系的观点。通过学习中国古代对磁的应用,加强爱国主义教育。通过"用细铁屑模拟磁体的磁场""感受磁场的强弱"等实验,提高收集信息和处理信息,得出物理结论,分析和解决问题的能力,运用"推理—假设—实验验证"的科学方法,归纳出带电粒子受磁场作用的规律和运动规律,认识科学的思维方法。

【案例知识点】

1. 了解磁现象,知道磁性、磁极的概念;

2. 知道电流的磁效应、磁极间的相互作用;

3. 知道磁极和磁极之间、磁极和电流之间、电流和电流之间都是通过磁场发生相互作用的,知道地球具有磁性。

【教学过程】

教学环节	教师活动	学生活动
导入新课	[教师演示] 1. 生活实例:磁性光盘、磁卡电话、电磁炉、磁悬浮列车。	观看、思考、讨论实例和视频,感受生活中的磁现象,通过学习中国古代对磁的应用,加强爱国主义教育

教学环节	教师活动	学生活动
导入新课	2. 播放视频:指南针和远洋航海。 [教师总结] 介绍人类对磁现象的认识过程和我国古代对磁现象的研究、指南针的发明和作用来认识磁现象:司南、天然磁石	
新课探究	一、磁现象 [教师提问] 1. 初中学过自然界的磁体共有几个磁极? 2. 磁极间相互作用的规律是什么? 3. 两个不直接接触的磁极之间是通过什么发生相互作用的? [教师引导] 阅读教材"磁现象"两段,明确以下几个问题: (1)天然磁石的主要成分是什么?(2)什么是永磁体、磁性和磁极? 磁体有几个磁极,如何规定的? 1. 磁性:能够吸引铁质物体的性质。 2. 磁体:具有磁性的物体叫磁体。 3. 磁极:磁体上磁性最强的部分叫磁极。能够自由转动的磁体,如悬吊着的磁针,静止时指南的磁极叫南极(S极),指北的磁极叫北极(N极)	学生认真思考,温故而知新,积极回答教师提问,促进学生对磁现象的基本了解
实验探究	二、电流的磁效应 [教师提问] 电现象和磁现象之间存在着许多相似,请同学们举例说明。电现象和磁现象间的相似是偶然的吗?如果你是一位物理学家,你会怎样认为呢?	学生讨论,交流,发表见解

续表

教学环节	教师活动	学生活动
实验探究	[教师总结] 关于电现象和磁现象的联系存在的许多有趣的物理学史方面的故事,富兰克林、奥斯特等。 [教师引导] 实验:奥斯特实验 小组讨论,实验探究,重现奥斯特实验,仪器有电池一节,导线,磁针。 第一组探究:磁针放在通电导线延长线的情况; 第二组探究:通电导线与磁针垂直放置的情况; 第三组探究:通电导线与磁针平行放置的情况。 [教师总结] 当给导线通电时,与导线平行放置的磁针发生了转动	学生分组实验,认真观察现象,讨论、交流、发表见解
实验探究	三、磁场 [教师提问] 磁体对磁体有力的作用,奥斯特实验说明了电流有磁效应,说明了电流对磁体有力的作用;那么磁体对电流有作用吗?电流与电流之间有相互作用吗?这些作用力都不需要直接接触,就能产生。那么,这些作用力是怎样产生的呢?是不是不需要任何媒介物就能产生? [教师引导] 实验:通电导线在磁场中受力的作用	学生认真思考,积极交流,通过参与实验,亲身感受磁场对电流的作用,电流与电流的作用

教学环节	教师活动	学生活动
实验探究	 [教师讲解] 1. 磁场的概念 2. 磁场的基本性质	
实验探究	四、磁性的地球 [教师引导] 用一个条形磁铁来模拟地磁场,说明小磁针静止时为什么会指向地理的南北极。 [教师总结] 要介绍地磁场,重点介绍其分布,地磁北极在地理的南极附近,地磁南极在地理的北极附近,但并不重合,有一定的夹角,叫作磁偏角,地球的磁极在缓慢地移动,磁偏角也在缓慢地变化。	学生观察,讨论、总结——地磁场的分布及与地磁南北极与地理南北极的方向关系
归纳总结	[教师引导] 作业的分层布置可以让学生根据自己的实际情况自由选择,激发学生学习积极性,培养他们健康的心态和良好的心理素质	学生总结归纳

【教学素材】

素材一：指南针

指南针，古代叫司南，主要组成部分是一根装在轴上的磁针，磁针在天然地磁场的作用下可以自由转动并保持在磁子午线的切线方向上，磁针的南极指向地理南极（磁场北极），利用这一性能可以辨别方向。常用于航海、大地测量、旅行及军事等方面。物理上指示方向的指南针的发明有三类部件，分别是司南、罗盘和磁针，均属于中国的发明。据《古矿录》记载最早出现于战国时期的磁山一带。

指南针是中国古代劳动人民在长期的实践中对磁石磁性认识的结果。作为中国古代四大发明之一，它的发明对人类的科学技术和文明的发展，起了无可估量的作用。在中国古代，指南针起先应用于祭祀、礼仪、军事和占卜与看风水时确定方位。

素材二：磁悬浮列车

磁悬浮列车是一种现代高科技轨道交通工具，它通过电磁力实现列车与轨道之间的无接触的悬浮和导向，再利用直线电机产生的电磁力牵引列车运行。

1922年，德国工程师赫尔曼·肯佩尔（Hermann Kemper）提出了电磁悬浮原理，继而申请了专利。20世纪70年代以后，随着工业化国家经济实力不断增强，为提高交通运输能力以适应其经济发展和民生的需要，德国、日本、美国等国家相继开展了磁悬浮运输系统的研发。

我国第一辆磁悬浮列车2003年1月开始在上海磁浮线运行。2015年10月中国首条国产磁悬浮线路长沙磁浮线成功试跑。

【案例分析】

贯通基础阶段学生年龄特征决定了他们具有较强的好奇心，而对于直接给出的结论或判断让他们去记忆较为反感，也激不起学习的兴趣。于是本案例通过实验丰富学生的感性认识，形成基本的物理概念。同时以演示实验为主，可以增加学生的参与成分，课内实验与课外实验研究相结合。教学中注意逻辑推理与类比方法相结合，在建构知识体系的同时渗透科学方法教育。

【物理案例六】

牛顿第一定律

【案例目标】

本案例遵守"科学探究"的设计思想,围绕物理规律的发现和发展展开,适当介绍一些物理学史的知识,培养敢于坚持真理、严谨认真的科学态度,产生获得知识的成就感,激发求知的欲望,有助于帮助学生自我再学习。通过实验探究,感受科学研究方法,培养学生分析问题、逻辑推理能力,要能透过现象了解事物的本质,不能不加研究、分析而只凭经验,对物理问题决不能主观臆断。

【案例知识点】

1. 理解力和运动的关系,知道物体的运动不需要力来维持;

2. 理解牛顿第一定律,知道它是逻辑推理的结果,不受力的物体是不存在的;

3. 理解惯性的概念,知道质量是惯性大小的量度。

【教学过程】

教学环节	教师活动	学生活动
导入新课	[教师演示] 1. 跳远运动员跳离地面后为什么还能继续向前? 2. 交警提示驾驶员系安全带,为什么? [教师总结] 这些现象都与初中我们学过的惯性有关,从而引出本节课的主题——牛顿第一定律	认真思考,回忆初中知识,感受生活中的惯性现象

教学环节	教师活动	学生活动
新课探究	一、力和运动关系 [教师提问] 讲台上放一辆小车,使它处于静止状态。请同学们思考:物体的运动是不是一定需要力? [教师引导] 利用桌子上的器材:轨道、小车、小球、毛巾、玻璃板、刻度尺、斜槽。设计实验:(1)力推物动,力止物停。(2)力止物不停。 [教师总结] 结合学生实验情况:(1)轨道上铺毛巾,小车放在毛巾上,推它就动,不推就停。(2)撤去毛巾,让小车在轨道上,推一下小车,小车运动一段才停下来。刚才的两个实验为什么会出现两种现象呢?矛盾出在哪呢? 引导学生进行实验对比,通过对比实验可以进行逻辑推理,如果接触面非常光滑没有摩擦,那运动的小球将会怎样? [教师引导] 利用桌子上的器材,设计实验:(1)在轨道上放毛巾,使斜槽和毛巾吻合,让小球从斜槽上滚下,标出滚动距离。(2)使斜槽和轨道吻合,让小球从同样的高度滚下,标出滚动的距离。(3)使斜槽和玻璃板吻合,让小球从同样的高度滚下,标出滚动的距离。	学生思考:物体的运动是不是一定需要力? 在教师指导下完成两种情况下的实验,积极讨论交流 在教师指导下完成不同情况下的实验,积极讨论交流

续表

教学环节	教师活动	学生活动
新课探究	[教师总结] 对比发现,接触面越光滑,滚动距离越远。结论:小球运动停下来的原因是摩擦力。如果接触面非常光滑小球会永不停止	
新课讲解	二、牛顿第一定律 [教师引导] 讲解物理史,从亚里士多德→伽利略→笛卡尔到牛顿第一定律。 [教师总结] 牛顿第一定律(惯性定律):一切物体总保持匀速直线运动状态或静止状态,直到有力迫使它改变这种状态——物理学的基石。 对牛顿第一定律的理解: ①物体运动不需要力。(不受力时,运动会一直运动下来,静止的一直静止) ②力是改变物体运动状态的原因。 [教师强调] 牛顿第一定律是在没有外力的情况,而孤立的物体不存在,也就是没有不受力的物体,牛顿第一定律是利用逻辑思维对事实进行分析的产物,不可能用实验直接验证的。但是许多现象可以帮助我们理解牛顿第一定律	学生认真听课,积极思考牛顿第一定律的内容,了解牛顿在物理学的成就

续表

教学环节	教师活动	学生活动
新课讲解	三、惯性 [教师引导] 1. 惯性定义:物体具有保持原来匀速直线运动状态或静止状态的性质。 2. 一切物体都具有惯性,惯性是物体固有的属性。 [教师提问] 惯性与什么因素有关呢？与物体的运动状态、受力情况有关吗？ [教师引导] 惯性现象在生活中有很多。学生实验:纸从书下快速抽出。大家能不能解释一下？ 3. 质量是物体惯性大小的量度。 [教师总结] 按照历史的进程重新阐述各位科学家的主要观点,说明真理的探索可能需要漫长的过程。介绍中国古代《考工记》中记载的"马力既竭,辀犹能一取焉"已经体现出惯性的意思,但是传统教育观中没有刨根问底的精神导致没有继续研究下去	学生思考:惯性是物体本身的一种属性,应该与本身的因素有关,而力是外界施加的,物体的运动状态改变因为受力,所以惯性与物体的运动状态、受力情况无关
归纳总结	1. 力与运动的关系:亚里士多德的观点—伽利略的研究—笛卡尔的完善—牛顿的总结。 2. 牛顿第一定律内容及含义。 3. 物体的质量是惯性大小唯一的量度	学生总结归纳

【教学素材】

素材:亚里士多德→伽利略→笛卡尔→牛顿

两千多年前,古希腊哲学家亚里士多德解释:撤掉力之后,小车由于运动会在它后而产生一个"虚空"——没有空气的空间,空气要填补这个"虚空",于是对小车产生一个向前的推力,但这个推力小于摩擦力,所以最后停了下来。所以,亚里士多德认为力是维持物体运动的原因,必须有力作用在物体上,物体才能运动;没有力的作用,物体就要静止在一个地方。亚里士多德的虚空理论可以自圆其说,加之他在人们心中的地位很高,所以他的观点统治了相当长的时间就不足为奇了。

17世纪意大利的物理学家伽利略质疑亚里士多德的观点,认为:物体的运动不需要力来维持,力是改变物体速度的原因。爱因斯坦高度评价了伽利略。爱因斯坦高度评价"伽利略的发现以及他所应用的科学的推理方法是人类思想史上的最伟大的发现之一,而且标志着物理的真正开端。"

与伽利略同时代的法国科学家笛卡儿,补充和完善了伽利略观点,明确指出:如果运动中的物体没有受到力的作用,它将继续以同一速度沿同一直线运动,既不停下来也不偏离原来的方向。他支持了伽利略力不是物体的运动的观点。

牛顿用简明的语言,却阐释了深刻的道理,牛顿不仅提出了牛顿第一定律,还有第二、第三定律,牛顿把运动三定律和他对其他事物的一些看法写在了《自然哲学的数学原理》一书中于1687年出版,简单介绍一下《自然哲学的数学原理》的地位和评价,进一步突出牛顿是一位了不起的科学家。引用蒲柏的一句话"世界原本是黑暗的,上帝说,让牛顿去把,于是世界变得光明。"虽然世人对牛顿的评价非常高,但牛顿自己很谦虚地说,"如果说我看得更远一些,那是因为我站在了巨人的肩上。"牛顿越这样说我们就越觉得他高明,不仅做学问高明,做人也很高明。

【案例分析】

科学探究应是物理教学的本质特征之一,是激发学生学习内在动机的有效教学方式。科学探究课不能片面地理解为实验课,其核心评价指标应该是学生内心知、情、意的变化。科学探究也不是学生自发的研究,而是教师精心策划与指导的结果。教师精心创设的情景和巧妙的提问,能激励学生不断地产生探究物理本质的强烈欲望,所以"情景的创设"和"问题的设置"应该是科学探究课的关键。

　　本案例从建构主义原理和认知心理学出发，紧紧围绕牛顿第一定律的产生过程，深入挖掘物理学史中的相关素材，将牛顿第一定律产生过程的几个关键问题以原貌的形式展示给学生，让他们作为各个历史时期的"探究者"参与相关问题的讨论。在讨论的过程中学生会发现："这些看似简单的问题不仅很难回答，而且蕴藏着深刻的思想方法，所以人类用了几千年的时间才弄清楚"。通过这样的探究，不仅让学生获得了物理知识，更让学生感受科学结论得出的艰难历程，并感悟科学之美，从而取得较好的教学效果。

【物理案例七】

万有引力定律

【案例目标】

本案例遵守对学生"科学方法"教育和"情感态度与价值观"的教育,注重使学生认识科学研究过程中,根据事实和分析推理进行猜想、假设和检验的重要性,培养学生的推理能力、概括能力和归纳总结能力。认识天文观测、分析推理、归纳总结等科学意识和方法的重要性,培养学生尊重客观事实并透过现象看本质的认识观。同时,培养学生良好的学习习惯和善于探索的思维品质,使学生在学习中互相协作、互相借鉴,培养团队精神。

【案例知识点】

1. 了解万有引力定律得出的思路和过程,知道重物下落和天体运动的统一性;

2. 理解万有引力定律的含义并会用万有引力定律公式解决简单的引力计算问题;

3. 知道万有引力定律公式的适用范围;

4. 理解万有引力常量的意义及测定方法,了解卡文迪许实验。

【教学过程】

教学环节	教师活动	学生活动
导入新课	[教师演示] 1. 播放视频:一段彗星撞地球的视频。 2. 播放视频:牛顿和"苹果落地的故事",让学生体验到宇宙的神奇	通过视觉的震撼来感受宇宙的神奇。激发学生的学习兴趣及求知的欲望

续表

教学环节	教师活动	学生活动
导入新课	[教师提问] 彗星为什么会撞上地球？苹果为什么会落地？ [教师引导] 通过上节的分析，我们已经知道了我们太阳与行星间的引力规律，那么：行星为什么能够绕太阳运转而不会飞离太阳？行星与太阳间的引力与什么因素有关？可以根据哪些已知规律推导出推出太阳与行星间的引力遵从的是什么样的规律？引导学生思考上述问题，引出本节内容：万有引力定律	学生回忆上节内容：行星与太阳间的引力 F 与太阳和行星之间的距离 r，行星质量 m 和太阳质量 M 的关系
新课探究	一、月—地检验 [教师引导] 引导学生阅读月—地检验材料，并思考以下几个问题：(1)月—地检验的目的是什么?(2)月—地检验的验证原理是怎样的?(3)如何进行验证? [教师总结] 牛顿的设想经受了事实的检验，地球对月球的力，地球对地面物体的力真是同一种力。至此，平方反比的规律已经扩展到太阳与行星之间、地球与月球之间、地球对地面物体之间。	学生认真思考，交流讨论，回答上述三个问题
新课讲解	二、万有引力定律 [教师引导] 引导学生阅读教材，思考问题：	

续表

教学环节	教师活动	学生活动
新课讲解	(1)把太阳与行星之间、地球与月球之间、地球与地面物体之间的引力遵从的规律推广到宇宙万物之间,你觉得合适吗?发表自己的见解。 (2)万有引力定律的内容是什么?写出表达式。并注明每个符号的单位和物理意义。 (3)你认为万有引力定律的发现有何深远意义? [教师讲解] 1. 万有引力定律的内容:宇宙间一切物体都是相互吸引的。两物体间的引力大小,跟它们的质量的乘积成正比,跟它们间的距离平方成反比。 $$F = G\frac{m_1 m_2}{r^2}$$ 2. 其中,G 为万有引力常量:它在数值上等于质量是 1kg 的物体相距米时的相互作用力,单位:N·m²/kg²,且 $G=6.67\times 10^{-11}$N·m²/kg²。 3. 物理意义:它对物理学、天文学的发展具有深远的影响;它把地面上物体运动的规律和天体运动的规律统一起来;对科学文化发展起到了积极的推动作用,解放了人们的思想,给人们探索自然的奥秘建立了极大信心,人们有能力理解天地间的各种事物	学生认真思考,记录笔记 认真聆听,记录笔记

续表

教学环节	教师活动	学生活动
新课讲解	三、引力常量的测量 [教师引导] 1798年,英国物理学家卡文迪许在实验室里利用"扭秤",通过对几个铅球之间万有引力的测量,比较准确地得出了引力常量G的数值。 1.展示扭秤装置示意图;2.给学生简单介绍卡文迪许;3.展示模拟实验过程;4.简单介绍扭秤实验原理;5.引力常量测得意义	学生自主学习获取信息,并能回答问题,通过介绍物理学史培养学生寻求真理科学态度和坚持不懈的精神
归纳总结	引导学生概括总结本节的内容	学生总结归纳

【教学素材】

素材一:牛顿和"苹果落地"的故事

1666年夏末,一个温暖的傍晚,在英格兰林肯郡乌尔斯索普,一个腋下夹着一本书的年轻人走进他母亲家的花园里,坐在一棵树下,开始埋头读书. 当他翻动书页时,他头顶的树枝中有样东西晃动起来,一只历史上最著名的苹果落了下来,打在23岁的伊萨克·牛顿的头上。恰巧在那天,牛顿正苦苦思索着一个问题:是什么力量使月球保持在环绕地球运行的轨道上,以及使行星保持在其环绕太阳运行的轨道上? 为什么这只打中他脑袋的苹果会坠落到地上? 正是从思考这一问题开始,他找到了这些问题的答案——万有引力定律。

由于牛顿的《自然哲学的数学原理》一书用的是欧几里德几何学的表述方

式,它是一个严密的、完美的体系,书中没有叙述苹果落地的故事,致使许多人对苹果落地一说持保留意见。实际上,牛顿的亲戚和朋友多次证实苹果落地的故事。

素材二:"月——地检验"的目的和原理

目的:验证"天上"的力与"人间"的力是同一种性质的力。

原理:假定上述猜想成立,即维持月球绕地球运动的力与使得苹果下落的力是同一种力,同样遵从"平方反比"规律,那么,由于月球轨道半径约为地球半径(苹果到地心的距离)的60倍,所以月球轨道上一个物体受到的引力,比它在地面附近时受到的引力要小,前者只有后者的1/60²。根据牛顿第二定律,物体在月球轨道上运动时的加速度(月球公转的向心加速度)也就应该是它在地面附近下落时的加速度(自由落体加速度)的1/60²。

验证:根据验证原理,若"天上""人间"是同种性质的力,由"平方反比"规律及地球表面的重力加速度,可求得月球表面的重力加速度。根据人们观测到的月球绕地球运动的周期,及月—地间的距离,可运用公式 $a = \dfrac{4\pi^2}{T^2}r$ 求得月球表面的重力加速度。若两次求得结果在误差范围内相等,就验证了结论。

若两次求得结果在误差范围内不相等,则说明"天上"与"人间"的力不是同一种性质的力。理论推导如下:

因为:$G = mg$, $F = ma$

所以:$\dfrac{a}{g} = \dfrac{R^2}{r^2}$

又因为:$r = 60R$

所以:$\dfrac{a}{g} = \dfrac{1}{3600}$

$a = \dfrac{g}{3600} = \dfrac{9.8}{3600}$ m/s² ≈ 2.7×10^{-3} m/s²。

实际测量:月球绕地球做匀速圆周运动,向心加速度 $a = \omega^2 r = \dfrac{4\pi^2}{T^2}r$

经天文观察月球绕地球运动的周期 $T = 27.3$ 天 $= 3600 \times 24 \times 27.3$ s

$$r = 60R = 60 \times 6.4 \times 10^6 \text{ m}$$

所以：$a = \dfrac{4 \times 3.14^2}{(3600 \times 24 \times 27.3)} \times 60 \times 6.4 \times 10^6 \, \text{m/s}^2 \approx 2.7 \times 10^{-3} \, \text{m/s}^2$。

验证结论：两种计算结果一致，验证了地面上的重力与地球吸引月球的力是相同性质的力，即"天上""人间"的力是相同性质的力。

【案例分析】

本案例注重以历史为背景让学生经历万有引力定律发现的过程。以学生为主体，运用"启发式"模式进行教学，在课堂上鼓励学生主动参与、主动思考、主动实践，在教师合理、有效的引导下进行高效率学习。采用多媒体辅助教学，增大课堂容量。注重以问题为先导，引导学生在问题的探究中学习物理，解决问题的同时又产生新的疑问，驱使学生作进一步的学习和探究，最后让学生带着疑问走出课堂，关注学生的终身发展。

【物理案例八】

实验探究小车速度随时间变化的规律

【案例目标】

本案例遵守"实验探究"的设计思想,核心素养目标包括:

1. 通过对小车运动的设计,培养学生积极主动思考问题的习惯,并锻炼学生思考的全面性、准确性与逻辑性;

2. 通过对纸带的处理,实验数据的图像展现,培养学生实事求是的科学态度,能使学生灵活地使用科学方法来研究问题,解决问题,提高创新意识;

3. 通过经历实验探索过程,体验运动规律探索的方法,提升学生合作探究能力,培养学生的语言表达能力。

【案例知识点】

1. 根据相关实验器材,设计实验并熟练操作;

2. 会运用已学知识处理纸带,求各点瞬时速度;

3. 会用表格法处理数据,并合理猜想;

4. 巧用v-t图像处理数据,观察规律;

5. 掌握画图象的一般方法,并能用简洁语言进行阐述。

【教学过程】

教学环节	教师活动	学生活动
导入新课	[教师演示] 生活实例:学生运动会跳远中的助跑。 [教师引导] 放眼所见,物体的运动规律各不相同。 在生活中,跳远助跑、驾车行驶、高山滑雪;在自然界里,雨点下落、鸽子飞翔、猎	认真思考,感受生活中的运动现象 学生认真听讲,思考探究物体随时间变化的规律,回忆瞬时速度的概念

教学环节	教师活动	学生活动
导入新课	豹捕食、蜗牛爬行、蚂蚁搬家……这些运动中都有速度的变化。 [教师提问] 波动物体的速度变化存在规律吗？怎样探索复杂运动蕴含的规律呢？引出本节主题——探究小车速度随时间变化的规律	
新课探究	一、实验设计 [教师引导] 引导学生通过探究小车在重物牵引下的运动，来研究小车速度随时间的变化规律。 [教师提问] 1. 小车的速度随时间变化有几种可能？ 2. 打点计时器结构如何？ 3. 用打点计时器测小车的速度所需哪些实验器材、实验步骤？ [教师引导] 引导学生熟练地摆好器材，进行合理、准确的操作。学生进行实验，老师巡回指导，引导学生"三思而后行"，注意实验逻辑性、合理性及其相关注意事项，而且确保准确，并巡视全场，对出现的问题予以及时纠正，帮助实力较弱的小组实现实验	学生认真思考，复习回顾打点计时器的使用方法和注意事项 学生小组分工，思考实验步骤，回答老师问题，在教师指导下完成实验
实验探究	二、处理数据 [教师提问] 怎样分析和选取纸带上的点？	

教学环节	教师活动	学生活动
实验探究	[教师引导] 引导学生采取合适的方法来处理实验数据。 1. 纸带要选择打出的点清晰的。 2. 舍掉开始过于密集的点。 3. 用每打5个点的时间为时间单位选取计数点。 即 $T = 0.02 \times 5s = 0.10s$ 这样既可方便计算，又可减少误差。 4. 不要直接去测量两个计数点的距离而是要测量出各个计数点到计时零点的距离。 5. 速度的计算方法：各计数点的瞬时速度是用计数点内的平均速度来代替	学生分组讨论，进行实验，激发了学习物理的兴趣，并增强相互间的协作意识
实验升华	三、绘制 $v-t$ 图像 [教师提问] 如何直观地表现速度随时间的变化规律？ [教师引导] 运用图像来处理物理实验数据，这是一个难点，作图像时要标明横纵坐标轴代表的物理意义，选择合适的标度，以各点瞬时速度为纵轴，时间 t 为横轴，根据所得数据，描点：观察和思考点的分布规律。从点的分布可以有很大把握地说这些点应该在一条直线上，用直线拟合，让尽可能多的点处在直线上，不在直线上的点应对称地分布在直线两侧	学生认真思考，积极讨论。同时，在绘制 $v-t$ 图像过程中，学生体会科学探究要尊重实验事实的严谨科学态度

教学环节	教师活动	学生活动
归纳总结	1. 初步学习根据实验要求设计实验,完成某种规律的探究方法。 2. 对打出的纸带,会用近似的方法得出各点的瞬时速度。 3. 初步学会根据实验数据进行猜测、探究、发现规律的探究方法。 4. 认识数学化繁为简的工具作用,直观地运用物理图像展现规律,验证规律。 5. 通过实验探究过程,进一步熟练打点计时器的应用,体验瞬时速度的求解方法	学生总结归纳

【教学素材】

素材一:实验:"打点计时器测小车速度"

实验装置:附有滑轮的长木板,小车,带小钩的细线,钩码,打点计时器,纸带,刻度尺,学生电源,导线等。

实验过程:

(1)附有滑轮的长度板平放在实验桌上,并使滑轮伸出桌面,把打点计时器固定在长木板上没有滑轮的一端,连接好电路。(2)用一条细绳拴住小车使细绳跨过滑轮,下边挂上适量的钩码,让纸带穿过打点计时器,并把纸带的一端固定在小车的上面。(3)把小车停在靠近打点计时器处,接通电源后释放小车,让小车拖着纸带运动,打点计时器就在纸带上打下一列小点。换上新的纸带,重复实验三次。

实验注意事项:(1)固定打点计时器时应让限位孔处在长木板的中央位置。(2)滑轮不能过高。(3)钩码数量不能过多,长木板两端高低相差不能太大。(4)开始释放小车时,应使小车靠近打点计时器。(5)先接通电源,计时器工作后,再放开小车,当小车停止运动时及时断开电源。(6)要防止钩码落地和小车跟滑轮相撞,当小车到达滑轮前及时用手按住它。

素材二:用 Excel 软件演示作 $v - t$ 图

打开 Excel 工作簿可以看到行和列,行号用 1、2、3……表示;列号用 A、B、C……表示。将自变量时间的数值从某一单元格开始输入,在同一列中将其他时间值一一输入。在相邻的右侧一列中将速度值一一输入,注意速度值要与时间值相对应。也可以在同一行中依次输入时间和速度,下一行中再次输入第二组时间和速度,直至全部输入完毕。用鼠标选中这些数据. 再用鼠标左键单击"图表向导"按钮,出现"图表类型"窗口,选"散点图",选"确定"按钮,弹出"图表标题输入框",输入相应的字符后选"下一步"按钮,直到"完成"。出现由点组成的图表,用鼠标右键单击绘图区中任何一个数据点,出现下拉式菜单,选"添加趋势线",弹出"添加趋势线"窗口,选择"线性"趋势;打开该窗口的"选项",对其中"显示公式"左侧的小方格用鼠标左键单击出现"√"号后,按"确定"。则图表框中出现一条直线,这就是经过计算机做最佳"拟合"后的。—图像,并显示出一个表明该图像的函数式。

【案例分析】

贯通基础阶段学生年龄特征决定了他们具有较强的好奇心,于是本案例教学设计上,充分考虑学情:年龄特征、心理特征、学习特征。在体现学生主体地位、培养学生创新能力的教学主旋律下,将突破教学的重难点、疑点的寻求途径交给学生自行去实践探究,注重互动与实验,充分的调动学生的积极性,让学生通过探究实验,引导学生探究物理知识。

【物理案例九】

动量守恒定律

【案例目标】

本案例遵守"以学生为主体,以教师为主导"的设计思想,将核心知识转化为问题,围绕核心问题构建"问题链",以问题为驱动力,引导学生参与课堂活动:观察现象、思考问题、探究推理、总结规律。培养学生积极主动思考问题的习惯,并锻炼其思考的全面性、准确性与逻辑性,培养学生的逻辑推理等核心素养。通过对动量守恒定律实例的探究分析,培养学生的逻辑思维能力和实事求是的科学态度,能使学生灵活地运用科学方法来研究问题,解决问题,提高创新意识。

【案例知识点】

1. 理解动量守恒定律的确切含义和表达式,知道定律的适用条件和适用范围;

2. 掌握运用动量守恒定律的一般步骤;

3. 掌握应用动量守恒定律解决实际问题的方法。

【教学过程】

教学环节	教师活动	学生活动
导入新课	[教师演示] 生活实例:生活中的作用力和反作用力 [教师引导] 上节课的探究使我们看到,不论哪一种形式的碰撞,碰撞前后 mv 的矢量和保持不变,因此 mv 很可能具有特别的物理意义。引出本节主题——动量守恒定律	认真思考,感受生活中的物理现象,重温牛顿第三定律中的作用力和反作用力

教学环节	教师活动	学生活动
新课探究	一、系统、内力和外力 [教师提问] 1. 在我们研究多个物体的运动时,提出了系统和参考系的概念,那么我们今天在这里学的系统和前面学习的系统是一个概念吗? 2. 关于系统内部物体之间的相互作用力和系统外物体对系统的作用力怎么处理,如何判断系统内力和系统外力? [教师讲解] (1)系统:相互作用的物体组成系统。 (2)内力:系统内物体相互间的作用力 (3)外力:外物对系统内物体的作用力 [教师总结] 两球碰撞时除了它们相互间的作用力(系统的内力)外,还受到各自的重力和支持力的作用,使它们彼此平衡。气垫导轨与两滑块间的摩擦可以不计,所以说m_1和m_2系统不受外力,或说它们所受的合外力为零	学生认真讨论,思考对一个系统而言,内力和外力的区别,如果判断对某个系统来说何为外力,何为内力 学生认真听课,记录笔记
新课讲解	二、动量守恒定律 [教师讲解] (1)内容:一个系统不受外力或者所受外力的和为零,这个系统的总动量保持不变。这个结论叫作动量守恒定律。 公式:$m_1v_1 + m_2v_2 = m_1v_1' + m_2v_2'$ (2)注意点: ①研究对象:几个相互作用的物体组成的系统(如:碰撞)。	学生认真听课,记录笔记,思考老师讲解的内容。理解动量守恒定律及其物体动量守恒的条件

教学环节	教师活动	学生活动
新课讲解	②矢量性:以上表达式是矢量表达式,列式前应先规定正方向。 ③同一性(即所用速度都是相对同一参考系、同一时刻而言的)。 ④条件:系统不受外力,或受合外力为0。要正确区分内力和外力;当 $F_内 > F_外$ 时,系统动量可视为守恒。 [教师提问] 如图所示,子弹打进与固定于墙壁的弹簧相连的木块,此系统从子弹开始入射木块到弹簧压缩到最短的过程中,子弹与木块作为一个系统动量是否守恒? 说明理由。 [教师讲解] (1)子弹从碰到木块到进入木块的时间很短,弹簧未被压缩,这个过程中,子弹和木块组成的系统动量守恒。 (2)子弹和木块一起压缩弹簧的过程中,三者组成的系统动量不守恒。 [教师引导] 质量为30kg的小孩以8m/s的水平速度跳上一辆静止在水平轨道上的平板车,已知平板车的质量为90kg,求小孩跳上车后他们共同的速度。	此题重在引导学生针对不同的对象(系统),对应不同的过程中,受力情况不同,总动量可能变化,可能守恒 学生认真思考,小组讨论,代表汇报小组结论

教学环节	教师活动	学生活动
新课讲解	[教师讲解] 取小孩和平板车作为系统,由于整个系统所受合外为为零,所以系统动量守恒。规定小孩初速度方向为正,则:相互作用前:$v_1=8m/s$,$v_2=0$, 设小孩跳上车后他们共同的速度速度为v',由动量守恒定律得: $$m_1v_1=(m_1+m_2)v'$$ 解得$v'=\dfrac{m_1v_1}{m_1+m_2}=2m/s$, 数值大于零,表明速度方向与所取正方向一致。 三、动量守恒定律与牛顿运动定律 [教师引导] 引导学生用牛顿定律自己推导出动量守恒定律的表达式。在这个过程中,教师巡回指导,及时点拨、提示。 [教师讲解] 通过板书用牛顿定律自己推导出动量守恒定律的表达式:$m_1v_1+m_2v_2=m_1v_1'+m_2v_2'$,并理解动量守恒定律的重要意义。 [教师总结] 应用动量守恒定律解决问题的基本思路和一般方法:(1)分析题意,明确研究对象。在分析相互作用的物体总动量是否守恒时,通常把这些被研究的物体总称为系统。对于比较复杂的物理过程,要采用程序法对全过程进行分段分析,要明确在哪些阶段中,哪些物体发生相互	学生认真听讲,尝试自己推导动量守恒定律表达式

续表

教学环节	教师活动	学生活动
新课讲解	作用,从而确定所研究的系统是由哪些物体组成的。(2)要对各阶段所选系统内的物体进行受力分析,弄清哪些是系统内部物体之间相互作用的内力,哪些是系统外物体对系统内物体作用的外力。在受力分析的基础上根据动量守恒定律条件,判断能否应用动量守恒。(3)明确所研究的相互作用过程,确定过程的始、末状态,即系统内各个物体的初动量和末动量的量值或表达式。(4)确定好正方向建立动量守恒方程求解	
归纳总结	教师引导学生概括总结本节的内容。请一个同学到黑板上总结,其他同学在笔记本上总结,然后请同学评价黑板上的小结内容	学生认真总结概括,并和黑板上的小结对比,取长补短

【教学素材】

素材一:动量守恒定律的重要意义

从现代物理学的理论高度来认识,动量守恒定律是物理学中最基本的普适原理之一。从科学实践的角度来看,迄今为止,人们尚未发现动量守恒定律有任何例外。相反,每当在实验中观察到似乎是违反动量守恒定律的现象时,物理学家们就会提出新的假设来补救,最后总是以有新的发现而胜利告终。例如静止的原子核发生β衰变放出电子时,按动量守恒,反冲核应该沿电子的反方向运动。但云室照片显示,两者径迹不在一条直线上。为解释这一反常现象,1930年泡利提出了中微子假说。由于中微子既不带电又几乎无质量,在实验中极难测量,直到1956年人们才首次证明了中微子的存在。又如人们发现,两个运动着的带电粒子在电磁相互作用下动量似乎也是不守恒的。这时物理学家把动量的概念推广到了电磁场,把电磁场的动量也考虑进去,总动量就又守恒了。

【案例分析】

本案例在教学设计中,引导学生根据牛顿第二定律和牛顿第三定律推导出动量守恒定律,目的在于通过推导过程帮助学生加深对动量守恒定律及其成立条件的理解。动量守恒定律是有条件的守恒,但学生初学时往往不够在意,因此教学中要通过对具体实例的分析强化动量守恒是有条件的守恒的这一意识,在应用动量守恒定律解题时,要注意强调动量的矢量性、同时性、同系性。在学习物理的过程中,重要的一项基本功是正确恰当地选取研究对象、研究过程,根据实际情况选用对应的物理规律,不能生搬硬套。

【物理案例十】

机械能守恒定律

【案例目标】

本案例遵守"科学探究"的设计思想,将核心知识的学习通过科学探究实现,围绕核心问题,引导学生通过对机械能守恒定律的探究,体验理想实验是探究物理规律的一种重要方法和手段,激发学习的积极性、能动性。通过将科学技术与物理课堂结合,培养学生自身做物理实验的科学素养。在运用机械能守恒定律解决实际问题的过程中,感悟物理与社会生活的紧密联系,潜移默化中使学生关心身边物理,培养学生对物理学习的能动性,感受科学研究方法,培养学生的观察和思考能力,提升探究能力。

【案例知识点】

1. 知道什么是机械能,知道物体的动能和势能可以相互转化;

2. 会正确推导物体在光滑曲面上运动过程中的机械能守恒,理解机械能守恒定律的内容,知道它的含义和适用条件;

3. 在具体问题中,能判定机械能是否守恒,并能列出机械能守恒的方程式。

【教学过程】

教学环节	教师活动	学生活动
导入新课	[教师引导] 游戏:碰鼻子实验 器材:细线、小钢球、铁架台 [教师提问] 拉开用细线悬挂的小球,以"勇敢"学生的鼻尖为初始位置释放,观察该同学的反应,小球能否碰到该同学的鼻子呢?	同学们积极参与游戏,认真观察并思考游戏里面包括的物理知识和科学道理

教学环节	教师活动	学生活动
导入新课	 [教师引导] 前面我们学习了动能、势能和机械能的知识,并了解到在一定条件下,物体的动能与势能可以相互转化,动能与势能相互转化的例子在生活中很多,请同学们举出生活中的例子来说明动能与势能的相互转化	学生认真听讲,小组讨论生活中动能与势能相互转化的例子
新课探究	一、机械能 [教师展示] 视频演示:荡秋千、翻滚过山车、撑竿跳高等。 [教师总结] 动能和势能之间可以相互转化。 机械能定义:物体具有的动能和势能之和。$E = E_k + E_p$ 思考:动能与势能的相互转化存在何种定量关系? [教师引导] 分组实验:质量为1千克的物体从离地面20米高处自由落下,求下落5米、10米、15米、20米时的速度,重力势能,动能以及动能和重力势能的总和。($g=10m/s^2$,以地面为重力势能零势能面)	学生观看视频,认真思考,深刻感受各种多彩的动能与势能发生相互转化的过程

教学环节	教师活动	学生活动
新课探究	任务分组:将学生分为四组,分别计算5米、10米、15米、20米处的各量。 [教师总结] 物体在运动过程中,如果只有重力做功,机械能的总量保持不变	学生分组进行实验,记录各组数据,汇报数据,探究出其中的规律
实验探究	[教师引导] 演示实验1:质量为1千克的物体从离地面20米高处自由落下,求下落5米、10米、15米、20米时的速度,重力势能,动能以及动能和重力势能的总和。($g=10\text{m/s}^2$,以地面为重力势能零势能面) 任务分组:将学生分为四组,分别计算5米、10米、15米、20米处的各量。 演示实验2:如图,用细线、小球、带有标尺的铁架台等做实验。把一个小球用细线悬挂起来,把小球拉到一定高度的A点,然后放开,小球在摆动过程中,重力势能和动能相互转化。我们看到,小球可以摆到跟A点等高的C点,如图甲。如果用尺子在某一点挡住细线,小球虽然不能摆到C点,但摆到另一侧时,也能达到跟A点相同的高度,如图乙。 甲　　　乙	学生分组进行实验,记录各组数据,汇报数据,探究出其中的规律 观察演示实验2,思考问题,选出代表发表见解。小球在摆动过程中受重力和绳的拉力作用。拉力和速度方向总垂直,对小球不做功;只有重力对小球能做功

教学环节	教师活动	学生活动
实验探究	演示实验3:如图水平方向的弹簧振子。用弹簧振子演示动能和弹性势能的相互转化。 [教师总结] 实验1表明:物体在运动过程中,如果只有重力做功,机械能的总量保持不变。 实验2表明:小球在摆动过程中重力势能和动能在不断转化。在摆动过程中,小球总能回到原来的高度。可见,重力势能和动能的总和保持不变。即机械能保持不变。 实验3表明:小球在往复运动过程中弹性势能和动能在不断转化。小球在往复运动过程中总能回到原来的高度,可见,弹性势能和动能的总和应该保持不变。即机械能保持不变	观察演示实验3,思考小球在往复运动过程中,受力情况和各力做功情况。与演示实验2对比分析
新课讲解	二、机械能守恒定律 [教师讲解] 如图所示,一个质量为m的物体从A点自由下落,经过离地面高度为h_1的B点时速度为v_1,下落到高度为h_2的C点时速度为v_2,试写出物体在B点时的机械	

续表

教学环节	教师活动	学生活动
新课讲解	能和在 C 点时的机械能,并找到这二个机械能之间的数量关系。(板书推理) [教师总结] 机械能守恒定律 (1)内容:在只有重力或弹力做功的物体系内,动能和弹性势能可以相互转化,而总的机械能保持不变。这就是机械能守恒定律。 (2)表达式: $E_{k_2} + E_{p_2} = E_{k1} + E_{p1}$ 或 $E_2 = E_1$; (3)用机械能守恒定律的解题步骤	学生认真听课,记录笔记
学以致用	1. 判断以下物理场景中机械能是否守恒? (1)跳伞员利用降落伞在空中匀速下落; (2)不计阻力的情况下,抛出的篮球在空中运动; (3)光滑水平面上运动的小球,把弹簧压缩后又被弹回来。 2. 磁悬浮列车站台设计:明珠号磁悬浮列车为什么在站台上要设置一个小小的坡度? 3. 引导学生探究过山车原理:一辆滑车在下滑过程中,为什么每次总能如此准确的完成一连串有惊无险的动作呢?	

教学环节	教师活动	学生活动
学以致用	4."挽弓当挽强,用箭当用长;射人先射马,擒贼先擒王。"这是杜甫的诗,为什么说强弓能射得远?	学生结合本节课的内容,认真思考。感受物理知识和生活的紧密联系,激发学生兴趣,培养核心素养
归纳总结	1. 在只有重力或弹力做功的物体系统内,动能和势能可以相互转化,而总的机械能保持不变。 2. 应用机械能守恒定律的解题步骤	学生总结归纳

【教学素材】

素材一:实验"打点计时器严重机械能验证机械能守恒定律"

实验器材:打点计时器、纸带、复写纸、重物、天平、刻度尺、铁架台(带铁夹)、学生电源等。

实验过程:(1)使用天平称出重物质量。(2)纸带一段吊重物,另一端穿过打点计时器。手提纸带,使重物靠近打点计时器并静止。接通电源,松开纸带,让重物自由落下。(3)取下纸带,并选其中一个点作为参考点,设打该点时重物的重力势能为0,计算打改点时的动能,它就是重物下落过程中的动能与重力势能的总和。(4)分别计算纸带上其他各点对应的物体的重力势能和动能之和。

实验注意事项:(1)实验中打点计时器的安装,两纸带限位孔必须在同一竖直线上,以减少摩擦力。(2)实验时,必须先接通电源,让打点计时器工作正常后才松开纸带让重锤下落。(3)打点计时器必须接50Hz交流低压电源。(4)为了减小重物在下降过程中空气阻力的影响,应选择质量大、体积小的重物。

素材二:用机械能守恒定律的解题步骤:

(1)确定研究对象;

(2)对研究对象进行正确的受力分析;

(3)判断各个力是否做功,并分析是否符合机械能守恒的条件;

(4)视解题方便选取零势能参考平面,并确定研究对象在始、末状态时的机械能;

（5）根据机械能守恒定律列出方程，或再辅之以其他方程，进行求解。

【案例分析】

　　贯通基础阶段学生通过对初中机械能定性知识的学习，以及对功和动能定理的理解和掌握，在物理知识结构、思维的深度等方面均有了一定的基础，但是学生的思维具有单一性、定势性，难以对旧有知识进行逻辑系统的归纳和联系，从而发现新知识。所以，在这一节的案例教学中，将突破教学内容重难点、疑点的寻求途径交给学生自行去实践探究，注重互动与实验，充分的调动学生的积极性，让学生通过视频与实验观察物理现象、通过游戏切身体会物理过程，并通过不断的设问与解决问题，引导学生探究物理知识，提高学生的知识迁移能力，使学生逐步掌握符合物理学科本质的探究发现学习方法。

三、生物课程典型案例分析

【生物案例一】

细胞的多样性和统一性

【案例目标】

1. 说出原核细胞与真核细胞的区别和联系,分析细胞学说建立的过程;

2. 掌握归纳对比的学习方法,培养学生收集、整理和分析资料的能力;

3. 认同细胞学说的建立是一个开拓、继承、修正和发展的过程,培养学生探索微观世界的兴趣和科学精神。

【案例知识点】

1. 原核细胞与真核细胞的区别和联系;

2. 细胞学说。

(1)细胞是一个有机体,一切动植物都由细胞发育而来,并由细胞和细胞产物所构成。

(2)细胞是一个相对独立的单位,既有它自己的生命,又对与其他细胞共同组成的整体的生命起作用。

(3)新细胞可以从老细胞中产生。

【教学过程】

教学环节	教师活动	学生活动
课前准备	准备显微镜、人血涂片、动物脊髓横切装片、植物根尖纵切装片、酵母菌装片、水绵装片和细菌三型涂片,用于学生课堂上观察使用	学生查阅细胞学说建立的科学史,结合教材中的资料,进行分析整理,上课时介绍自己整理的资料

教学环节	教师活动	学生活动
导入新课	[讲述]通过学习我们已经认识到生命活动离不开细胞。在初中阶段,大家已经使用过光学显微镜的低倍镜来观察生物细胞,对细胞的多样性和统一性有了初步的认识。同学们回忆一下,你都观察过哪些生物细胞? 现在,让我们尝试用高倍镜来观察更多种不同的细胞,比较一下这些细胞的异同点	学生回忆初中阶段学习过的知识,回答教师提出的问题,带着兴趣开始新课程的学习
观察细胞	[实验]使用高倍显微镜观察多种多样的细胞。 [提问] 1. 通过观察说出不同细胞的异同点。 2. 生物体内的细胞为什么具有多种多样的形态结构? [教师总结] 1. 通过显微镜观察我们不难发现,细胞都有相似的基本结构,如细胞膜、细胞质、细胞核,这说明细胞具有统一性。同时,同种生物的细胞不尽相同,形态多样,不同种生物的细胞也各不相同,这说明细胞具有多样性。 2. 生物体内的细胞所处的位置不同,结构不同,功能也不同,体现了细胞结构与功能相适应的特点。以红细胞和洋葱表皮细胞为例,红细胞呈圆饼状,两面凹陷,这样的结构有利于其与氧气充分接触,起到运输氧气的作用;洋葱表皮细胞似长方体,排列紧密,这样的结构有利于起到保护作用	学生分组观察不同的生物细胞,相互交流讨论,总结不同细胞的异同点,解释细胞形态结构多样的原因

教学环节	教师活动	学生活动
原核细胞和真核细胞	[提问]在显微观察中,我们发现有一种生物的细胞没有成形的细胞核,这种生物是什么? [讲述]我们可以将细胞分为两大类:真核细胞和原核细胞(科学家根据细胞内有无以核膜为界限的细胞核区分细胞)。真核细胞有核膜包被的细胞核,原核细胞没有核膜包被的细胞核,只有一个环状的DNA分子,DNA分子存在的区域叫作拟核。由真核细胞构成的生物叫作真核生物,由原核细胞构成的生物叫作原核生物。 [提问]根据真核细胞和原核细胞的概念,结合大家刚才的显微观察,总结一下哪些生物属于真核生物,哪些生物属于原核生物? [教师总结] 　　真核生物:植物、动物、真菌(如酵母菌、青霉、木耳、香菇等) 　　原核生物:细菌(如大肠杆菌、金黄色葡萄球菌、乳酸菌等)和蓝藻(一种自养生物) [提问]真核细胞与原核细胞的多样性和统一性表现在哪里? [教师总结] 1. 真核细胞和原核细胞多种多样,形态结构不同,体现出两者的多样性。	学生回答这种生物是细菌 学生回答真核生物包括植物、动物和真菌,原核生物包括细菌 学生回答多样性表现在两类细胞形态不同,统一性表现在两类细胞都具有细胞膜和细胞质

续表

教学环节	教师活动	学生活动
原核细胞和真核细胞	2. 真核细胞和原核细胞都有相似的细胞膜、细胞质和遗传物质(DNA),体现出两者的统一性	
细胞学说建立的过程	[学生展示]细胞学说的建立 1. 请同学们分组介绍自己整理的资料。 2. 通过学习细胞学说的建立过程,同学们领悟到科学发现具有哪些特点? [教师总结] 细胞学说建立的过程告诉我们,科学发现需要理性思维、科学实验和科学技术有机结合,通过科学家们的共同参与与共同努力,不断进行开拓、继承、修正和发展	学生交流展示细胞学说建立的科学史和学习感悟
课堂小结	[总结] 1. 原核细胞与真核细胞的区别和联系,理解细胞的多样性和统一性。 2. 细胞学说的建立	学生回顾总结,构建本节内容的知识体系

【教学素材】

素材一:

实验:使用高倍显微镜观察多种多样的细胞。

1. 目的要求:使用高倍显微镜观察多种细胞,比较不同细胞的异同点。

2. 材料用具:人血涂片、动物脊髓横切装片、植物根尖纵切装片、酵母菌装片、水绵装片、细菌三型涂片、显微镜。

素材二:

科学史:细胞学说建立的过程。

1. 从人体的解剖和观察入手

1543年,比利时的维萨里发表了《人体构造》;法国的比夏指出器官由组织构成。

2. 显微镜下的重大发现

1665年,英国科学家虎克发现并命名"细胞";17世纪,荷兰磨镜技师列文虎克用自制的显微镜观察到不同形态的细菌、红细胞和精子等。

3. 理论思维和科学实验的结合

18世纪,施莱登首先提出细胞是构成植物的基本单位;施旺发表了研究报告《关于动植物的结构和一致性的显微研究》。

4. 细胞学说在修正中前进

1858年,德国的魏尔肖总结出"细胞通过分裂产生新细胞"。

【案例分析】

本节课的内容选择和教学设计都是为了让学生更好地了解细胞,更好地理解细胞的多样性和统一性。生物学是一门实验科学,教师在授课中可根据教学内容合理设计实验辅助教学。如在本节课的教学中,让学生使用高倍显微镜观察多种多样的细胞。一方面,通过显微观察可以将美妙的微观世界呈现在学生面前,让学生直观地感受到不同细胞的形态结构,对细胞的多样性和统一性有一个感性的认识,进一步在教师的引导下,主动参与知识的形成和加工,实现由感性认识到理性理解的飞跃。另一方面,通过实验的设计和操作,可以锻炼学生的分析推理能力和动手能力,培养学生的科学思维和科学探究精神,激发学生对生物学科的兴趣。

众所周知,生物学科学史对学生生物科学素养的培养具有重要作用。教师应充分利用好科学史,将科学史融入课堂教学中,激发学生的求知欲,提高课堂教学的效果。细胞学说的建立再现了人类认识生命体最初的一段科学史,是一则很好的生物科学史教育素材。在本节课的教学中,课前安排学生查阅细胞学说建立的科学史,结合教材中的资料,进行分析整理,在课上分享交流自己的成果。采用这样的学习方式,不仅有助于学生理解细胞学说的内容、发展和意义,而且能够让学生真切感受到科学家们勇于探索、追求真理的科学态度和科学精神,更好地理解生物科学的发展是一个不断探索、不断修正、不断创新的过程。

【生物案例二】

生命活动的主要承担者——蛋白质

【案例目标】

1. 说明氨基酸的结构及氨基酸形成蛋白质的过程,概述蛋白质的结构和功能;

2. 培养学生的主体参与意识,提高学生的观察、分析和探究能力;

3. 认同蛋白质是生命活动的主要承担者,关注生命科学的发展。

【案例知识点】

1. 氨基酸的结构特点;

2. 氨基酸形成蛋白质的过程;

3. 蛋白质的结构和功能。

【教学过程】

教学环节	教师活动	学生活动
导入新课	[图片展示]常见的富含蛋白质的食物 问题1:这些食物都含有哪种成分? 问题2:蛋白质可以直接被人体吸收利用吗? [教师总结]蛋白质是细胞中最重要的一类有机化合物。蛋白质需要经过消化,成为各种氨基酸,才能被人体吸收利用	学生回答这些食物富含蛋白质,蛋白质不能被人体直接吸收利用
新课探究	一、氨基酸 [讲述]氨基酸是组成蛋白质的基本单位。生物体内组成蛋白质的氨基酸约有20种。	

教学环节	教师活动	学生活动
新课探究	[模型展示]展示甲烷的结构(球棍模型) [讲述]甲烷的组成和结构特点 [图片展示]甘氨酸、丙氨酸和谷氨酸的结构式 $$H-\overset{\overset{\displaystyle H}{\vert}}{\underset{\underset{\displaystyle NH_2}{\vert}}{C}}-COOH$$ 甘氨酸 $$CH_3-\overset{\overset{\displaystyle H}{\vert}}{\underset{\underset{\displaystyle NH_2}{\vert}}{C}}-COOH$$ 丙氨酸 $$HOOC-(CH_2)_2-\overset{\overset{\displaystyle H}{\vert}}{\underset{\underset{\displaystyle NH_2}{\vert}}{C}}-COOH$$ 谷氨酸 问题1:这3种氨基酸的结构有什么共同点? 问题2:"氨基酸"这一名词与其结构有对应关系吗? [讲述] 1. 每种氨基酸分子至少含有一个氨基(—NH₂)和一个羧基(—COOH),并且有一个氨基和一个羧基连接在同一个碳原子上。 2. 碳原子还连接一个氢原子和侧链基团(R基)。 3. 氨基酸之间的区别在于R基的不同。 氨基—(H₂N)—(C)—(COOH)—羧基，R—R基，C原子，(H)—H原子	学生观察图片、球棍模型,学习新知识,并结合所学的生物学知识思考回答问题

续表

教学环节	教师活动	学生活动
新课探究	二、蛋白质的结构 [学生活动] 学生以自身形态模仿氨基酸的结构,学生的躯干代表中心碳原子,左右胳膊分别代表氨基和羧基,头代表R基,腿代表氢原子。让学生代表不同的氨基酸,尝试如何才能将氨基酸连接在一起形成蛋白质? [动画演示]氨基酸形成蛋白质的过程 [讲述] 1. 氨基酸的结合方式:脱水缩合。 2. 脱水缩合:一个氨基酸分子的羧基($—COOH$)和另一个氨基酸的氨基($—NH_2$)相连接,同时脱去一分子水的结合方式。 3. 肽键:连接两个氨基酸分子的化学键($—NH—CO—$);二肽:由两个氨基酸分子缩合而成的化合物;多肽:由多个氨基酸分子缩合而成的化合物。 4. 氨基酸→二肽→多肽→一条多肽链折叠形成蛋白质→几条多肽链折叠形成蛋白质 [提问]生物界的蛋白质多达$10^{12}\sim10^{14}$种,想一想20种氨基酸是如何形成如此众多的蛋白质的? [讲述]氨基酸种类不同,氨基酸数目成百上千,氨基酸排列顺序千变万化,肽链盘曲折叠方式及其形成的空间结构千差万别,使得蛋白质的结构呈现多样性。	学生代表不同的氨基酸,展示手拉手连接在一起形成蛋白质 学生观看动画演示,深入学习和理解氨基酸形成蛋白质的过程 学生深入思考,结合生物学知识回答问题

教学环节	教师活动	学生活动
新课探究	三、蛋白质的功能 [提问]根据你的了解,蛋白质都有哪些生理功能? [教师总结] 一切生命活动都离不开蛋白质,蛋白质是生命活动的主要承担者。 1. 结构蛋白:肌肉、头发、羽毛等; 2. 催化作用:绝大多数酶; 3. 运输作用:血红蛋白; 4. 调节作用:胰岛素; 5. 免疫作用:抗体	
布置作业	课外拓展学习:查阅资料并交流分享世界上第一个人工合成蛋白质	学生运用所学知识完成作业

【教学素材】

素材一:

球棍模型:展示甲烷的结构。

素材二:

学生活动:学生以自身形态模仿氨基酸的结构。

素材三:

动画演示:氨基酸形成蛋白质的过程。

【案例分析】

本节课的教学内容涉及氨基酸和蛋白质的结构,这部分内容对于贯通学生来说,既是重点也是难点。在讲解氨基酸的结构时,充分发挥教师的主导作用,利用球棍模型介绍甲烷的组成和结构特点。通过球棍模型的直观展示,帮助学生建立空间立体感,更好地理解氨基酸的结构特点,提高学生的观察归纳和分析总结能力。

　　氨基酸形成蛋白质是一个抽象复杂的过程,需要学生具备基本的空间想象力。为了让学生深入理解这部分微观抽象的知识,教师采用组织学生活动和进行动画演示的方式开展教学。学生以自身形态模仿氨基酸的结构,让不同的学生代表不同的氨基酸,学生很容易就会想到手拉手连在一起,进而推测出氨基酸形成蛋白质的过程。此时播放氨基酸形成蛋白质的动画,由局部到整体进行具体讲解,加深学生对知识的理解和运用。上述教学方式实现了结论式教学向过程式教学的转变,可以更好地激发学生的学习兴趣,多角度培养学生的生物科学素养。

【生物案例三】

细胞器——系统内的分工合作

【案例目标】

1. 说出几种细胞器的结构和功能,简述分泌蛋白的合成和运输;

2. 培养学生的科学探究思维,提高学生构建模型的能力;

3. 认同细胞器结构与功能相适应的观点,理解生命的物质性。

【案例知识点】

1. 8种细胞器的结构、功能和分布;

2. 分泌蛋白的合成和运输。

【教学过程】

教学环节	教师活动	学生活动
导入新课	[提问]为了提高生产效率和产量,人们发明了生产线。想一想,牛奶工厂的生产线由哪些部分组成? [讲述]细胞其实就像一个繁忙的工厂,而细胞器就像工厂内的车间,各种细胞器协调配合组成生产线,完成各项生命活动	学生思考回答包括原料供应、加工、包装、动力供应、运输和销售等
新课探究	一、细胞器之间的分工 [图片展示]展示植物细胞和动物细胞亚显微结构模式图。	学生仔细观察图片,思考回答问题

教学环节	教师活动	学生活动
新课探究	植物细胞亚显微结构模式图 动物细胞亚显微结构模式图 [提问]生物细胞包含哪些细胞器？ [教师总结] 细胞内的八大细胞器分别是线粒体、叶绿体、内质网、高尔基体、核糖体、液泡、中心体、溶酶体。各种细胞器的形态结构不同，在功能上也各有分工。 [讲述] 1. 线粒体 (1)结构特点：双层膜、嵴、基质。 (2)功能特点：有氧呼吸的主要场所——动力车间。 (3)分布：动植物细胞。	

教学环节	教师活动	学生活动
新课探究	[提问]为什么运动员肌细胞线粒体的数量比缺乏锻炼的人多？ 2. 叶绿体 (1)结构特点:双层膜、基质、基粒 (2)功能特点:进行光合作用的场所——养料制造车间和能量转换站 (3)分布:植物细胞 [模型构建]制作植物细胞线粒体和叶绿体的三维结构模型 3. 核糖体 (1)结构特点:颗粒状、无膜结构 (2)功能特点:生产蛋白质的机器 (3)分布:动植物细胞 4. 内质网 (1)结构特点:单层膜、网状结构 (2)功能特点:粗面型内质网,膜上附着核糖体,参与蛋白质的合成与加工;滑面型内质网,脂质合成车间。 (3)分布:动植物细胞 5. 高尔基体 (1)结构特点:单层膜、囊状结构 (2)功能特点:对蛋白质进行加工、分类和包装的"车间"及"发送站" (3)分布:动植物细胞 [模型构建]制作植物细胞核糖体、内质网和高尔基体的三维结构模型 6. 液泡 (1)结构特点:单层膜	学生回答运动需要消耗大量的能量,这些能量大部分来源于线粒体的有氧呼吸,所以运动员的肌肉中含线粒体较多 学生用彩泥制作叶绿体和线粒体的三维结构模型 学生用彩泥制作核糖体、内质网和高尔基体的三维结构模型

教学环节	教师活动	学生活动
新课探究	(2)功能特点:调节植物细胞内的环境,使植物保持坚挺 (3)分布:植物细胞 7. 溶酶体 (1)结构特点:单层膜 (2)功能特点:消化车间 (3)分布:动植物细胞 8. 中心体 (1)结构特点:无膜结构,两个中心粒垂直排列 (2)功能特点:与细胞的有丝分裂有关 (3)分布:动物细胞和某些低等植物的细胞 二、细胞器之间的协调配合 [动画展示]播放分泌蛋白合成和运输的动画 问题1:哪些细胞器参与了分泌蛋白从合成至分泌到细胞外的过程? 问题2:尝试描述分泌蛋白合成和运输的过程。 [教师总结] 分泌蛋白合成和运输的过程:核糖体(合成肽链)→内质网(加工成蛋白质)→形成囊泡→高尔基体(修饰加工蛋白质)→分泌到细胞外。线粒体为整个过程提供能量	学生观看动画,分组交流讨论,回答教师提出的问题

续表

教学环节	教师活动	学生活动
布置作业	在已经构建的5种细胞器三维结构模型的基础上,完成植物细胞三维结构模型的构建	学生自己动手操作完成作业

【教学素材】

素材一:

8种细胞器的结构图。

素材二:

分泌蛋白的合成和运输动画。

素材三:

模型构建:构建线粒体、叶绿体、核糖体、内质网和高尔基体的三维结构模型。

【案例分析】

在生物课程的学习中,学生经常会遇到一些比较抽象、难以理解的生物学知识。为了帮助学生更好地理解知识,教师要适当地引入一些图片、动画和视频素材辅助教学。如对照各种细胞器的结构图具体讲解细胞器的结构和功能,使抽象的结构直观地展现在学生眼前;播放分泌蛋白合成和运输的动画,将复杂的过程清新地呈现给学生。通过这样的教学方式,将抽象、复杂的知识形象化、具体化、生动化,增加课堂的趣味性,提高学生学习的积极性。

在贯通生物教学中,建立正确的模型可使学生更深入地理解生物的本质,更加清晰地对生物学问题进行分析。如教师在讲解各种细胞器的结构和功能时,组织学生构建线粒体、叶绿体、核糖体、内质网和高尔基体的三维结构模型,加深学生对细胞器结构和功能的理解。学生自己动手操作,充分发挥自己的想象力,制作出一件件"模型艺术品"。当学生体验到学习的乐趣和收获时,自然会对生物学习充满热情和期待。

【生物案例四】

降低化学反应活化能的酶

【案例目标】

1. 说明酶的本质和作用,概述酶的特性;
2. 增强学生的主体意识,培养学生的观察、分析和推导能力;
3. 认同生物科学的价值,培养学生乐于探究的科学精神。

【案例知识点】

1. 酶的本质;
2. 酶在细胞代谢中的作用;
3. 酶的特性。

【教学过程】

教学环节	教师活动	学生活动
导入新课	[教师引入]加酶洗衣粉 问题1:什么洗衣粉的去渍效果更好? 问题2:洗衣粉在温水中还是冷水中去渍效果好? 问题3:毛料衣服能用加酶洗衣粉洗涤吗?	学生思考回答加酶洗衣粉在温水中去渍效果更好,毛料衣服不能用加酶洗衣粉洗涤
新课探究	一、酶的本质 [科学史]酶的发现过程 [提问]同学们思考一下,酶的本质是什么? [讲述]酶是活细胞产生的具有催化作用的有机物,其中绝大多数酶是蛋白质。	学生学习酶发现过程的科学史,更好地认识理解酶的本质

教学环节	教师活动	学生活动
新课探究	二、酶的作用 [演示实验]过氧化氢在不同条件下的分解 问题1:2号试管与1号试管的现象有什么不同,这一现象说明了什么? 问题2:在生物细胞内,能否通过加热来提高反应速率? 问题3:3号和4号试管未加热也有大量气泡产生,这说明了什么? 问题4:比较3号试管和4号试管,哪支试管反应速率更快? 这说明了什么? [动画演示]有酶途径与无酶途径的比较 [讲述] 1. 细胞中每时每刻都进行着许多化学反应,统称为细胞代谢。 2. 分子从常态转变为容易发生化学反应的活跃状态所需要的能量,称为活化能。 3. 无机催化剂可以降低化学反应的活化能,而酶降低活化能的作用更显著,因而催化效率更高。 三、酶的特性 [提问]从刚才的演示实验中我们可以看出,酶具有什么特性? [讲述]酶具有高效性 [视频展示]实验:探索唾液淀粉酶对淀粉和蔗糖的水解作用 [讲述]酶具有专一性。每一种酶只能催化一种或一类化学反应。	1. 1名学生进行操作演示,其他学生认真观察,思考回答教师提出的问题。 2. 学生观看动画演示,深入学习和理解酶的作用 学生认真观看视频和图片,思考回答问题,学习酶的特性

续表

教学环节	教师活动	学生活动
新课探究	[图片展示]酶活性受温度、pH 影响示意图 酶活性受温度影响示意图 酶活性受 pH 影响示意图 [讲述]酶的作用条件温和	
布置作业	设计一则加酶产品的商业广告。要求符合广告法,广告内容贴近生活,且体现出一定的科学性	学生运用所学知识完成作业

【教学素材】

素材一:

科学史:酶的发展过程。

1. 1783 年,意大利科学家帕兰札尼在研究鹰的消化作用时发现,胃既有物理性消化功能,又有化学性消化功能。

2. 1836 年,德国科学家施旺从胃液中提取出了消化蛋白质的物质,解开胃的消化之谜。

3. 1926 年,美国科学家萨姆那从刀豆种子中提取出脲酶的结晶,并证明脲酶是蛋白质。

4. 20世纪30年代,科学家们相继获得多种酶的结晶,并证明这些酶都是蛋白质。

5. 20世纪80年代,美国科学家切赫和奥特曼发现少数RNA也具有催化功能。

素材二:

演示实验:过氧化氢在不同条件下的分解。

目的要求:比较过氧化氢在不同条件下的分解快慢,了解过氧化氢酶的作用和意义。

方法步骤:

1. 取4支洁净的试管,分别编号1、2、3、4,向4支试管内分别加入2mL过氧化氢溶液。

2. 将2号试管放在90℃左右的水浴中加热,观察气泡冒出的情况,并与1号试管进行比较。

3. 向3号试管内滴加2滴$FeCl_3$溶液,向4号试管滴加2滴肝脏研磨液,比较2支试管气泡冒出的情况。

4. 2~3分钟后,将点燃的卫生香分别放入3号和4号试管内液面的上方,观察哪支试管中的卫生香燃烧更剧烈。

素材三:

动画演示:有酶途径与无酶途径的比较。

把化学反应比作驾车翻越高山,汽车正常翻越高山行驶代表无酶途径,汽车通过穿山隧道行驶代表有酶途径则。

素材四:

视频:探索唾液淀粉酶对淀粉和蔗糖水解作用的实验。

【案例分析】

本节课的内容主要涉及酶的本质、酶的作用以及酶的特性,针对不同部分的内容,教师采用了不同的教学方式。教师引入酶的发现过程的科学史,引导学生从酶的发现史中认识酶的本质,加深对酶的本质的理解,体会科学研究中持之以恒的重要性。

　　在生物教学中,很多实验结果和实验数据就是最好的教学素材。所以教师选择以演示实验和动画演示代替单纯的讲授酶的作用,引导学生通过观察实验过程、分析实验结果,尝试推导出酶在细胞代谢中的作用,实现由接受学习到发现学习的转变,更好地激发学生的内在学习动力。

　　对于酶的特性这部分内容,教师在教学中要尽量给学生提供充足的教学素材,让学生真正成为学习的主体。如教师提供唾液淀粉酶对淀粉和蔗糖水解作用的实验视频和酶活性受温度、pH影响的示意图,让学生在学习中主动发现问题并设法解决问题,通过学习获得知识和能力的共同提高。

【生物案例五】

伴性遗传

【案例目标】

1. 说出伴性遗传的概念,概述伴性遗传的特点;

2. 培养学生的分析、归纳和总结能力,提升学生运用知识解决实际问题的能力;

3. 体会伴性遗传与现实生活的紧密联系,培养学生实事求是、严谨踏实的科学态度。

【案例知识点】

1. 伴性遗传;

2. 人类红绿色盲症遗传的特点;

3. 抗维生素D佝偻病遗传的特点。

【教学过程】

教学环节	教师活动	学生活动
导入新课	[学生活动]人类红绿色盲的自我检测。 [提问] 1. 红绿色盲对生活有没有什么影响? 2. 有数据显示,我国男性色盲患者接近7%,女性色盲患者接近0.5%,男性患者远远多于女性患者,为什么红绿色盲在遗传表现上和性别相联系呢?	1. 学生识别色盲检测图,进行自我检测。 2. 学生结合生物学知识和生活经验思考回答问题
新课探究	一、伴性遗传 [讲述]基因位于性染色体上,遗传上总是和性别相关联的现象,叫作伴性遗传。	学生认真听讲,学习新知识

教学环节	教师活动	学生活动
新课探究	伴性遗传 $\begin{cases} 伴X隐性遗传 \\ 伴X显性遗传 \\ 伴Y遗传 \end{cases}$ 二、人类红绿色盲症 [讲述]人类红绿色盲症是一种伴性遗传病。展示典型色盲家系的遗传图谱。 问题1:红绿色盲基因位于X染色体上,还是位于Y染色体上? 问题2:红绿色盲基因是显性基因,还是隐性基因? [教师总结] 人类红绿色盲症是一种伴X隐性遗传病。	学生认识、分析遗传谱图,回答出红绿色盲基因位于X染色体上,是一种隐性基因

性别 类型	女性			男性	
基因型	X^BX^B	X^BX^b	X^bX^b	X^BY	X^bY
表现型	正常	正常 (携带者)	色盲	正常	色盲

[讲述]人类红绿色盲有多种遗传方式,我们来比较一下不同婚配方式的发病率。

后代中没有色盲患者,女性全部为携带者。

教学环节	教师活动	学生活动
新课探究	女性携带者 × 男性正常 亲代 X^BX^b × X^BY 配子 X^B X^b X^B Y 子代 X^BX^B X^BX^b X^BY X^bY 女性正常:女性携带者:男性正常:男性色盲 1 : 1 : 1 : 1 后代中男性有1/2色盲,女性全为正常,但女性中有1/2为携带者。 [练一练]学生写出女性携带者与男性色盲婚配、女性色盲与男性正常婚配的遗传图解。 [提问]根据不同婚配方式与发病率的比较,总结一下红绿色盲遗传的特点。 [教师总结] 红绿色盲遗传的特点 1. 色盲患者中男性多于女性。 2. 交叉遗传(男性红绿色盲基因只能从母亲那里传来,以后只能传给女儿)。 3. 母患子必病,女患父必患。 三、抗维生素D佝偻病 [讲述]抗生素D佝偻病也是一种伴性遗传病,其致病基因位于X染色体上,致病基因为显性基因。	学生写出两种婚配方式的遗传图解。 女性携带者 × 男性色盲 亲代 X^BX^b × X^bY 配子 X^B X^b X^b Y 子代 X^BX^b X^bX^b X^BY X^bY 女性携带者:女性色盲:男性正常:男性色盲 1 : 1 : 1 : 1 女性色盲 × 男性正常 亲代 X^bX^b × X^BY 配子 X^b X^B Y 子代 X^BX^b X^bY 女性携带者 : 男性色盲 1 : 1 学生相互交流讨论,思考回答问题

续表

教学环节	教师活动	学生活动
新课探究	[学生活动]遗传咨询 有一对新婚夫妇,男性患有抗维生素D佝偻病,女性正常,针对他们生育后代的问题上,你能否给出相应的建议与意见? [提问]分析不同婚配方式的发病率,总结一下抗维生素D佝偻病遗传的特点。 [教师总结] 抗维生素D佝偻病遗传的特点 1. 患者中女性多于男性; 2. 男病,母女必病	学生分别扮演一对新婚夫妇和遗传基因咨询师,进行情景模拟。给出的建议是生男孩,因为女孩会患有抗维生素D佝偻病。 学生相互交流讨论,思考回答问题
布置作业	人类外耳道多毛症是一种伴性遗传病,致病基因位于Y染色体上。分析不同婚配方式的发病率,总结人类外耳道多毛症遗传的特点	学生运用所学知识完成作业

【教学素材】

素材一:

人类红绿色盲检测图,学生进行红绿色盲的自我检测。

素材二:

遗传咨询:学生分别扮演遗传基因咨询师和新婚夫妇,新婚夫妇中男性患有抗维生素D佝偻病,女性正常。针对新婚夫妇的患病情况,遗传基因咨询师给出优生优育的建议。

【案例分析】

"注重与现实生活的联系"和"提高生物科学素养"是贯通生物教学的基本理念。生物科学与人们的日常生活、医疗卫生、经济活动和环境保护有着紧密的联系,所以教师要充分运用现实生活中的生物素材开展教学。如在本节课中,教师在系统讲授人类红绿色盲症遗传的特点之前,组织了一个小的学生活动,让学生进行红绿色盲的自我检测。在这个过程中,既活跃了课堂气氛,让学生对红绿色盲有了一个更直观的认识,又让学生体会到生物学知识与自身生活和健康的密切关系,大大提高了学生的参与度和学习热情。

生物科学素养是指学生在参加社会活动、经济活动、生物实践和个人决策所需的生物科学观念和科学探究能力。提高学生的生物科学素养始终贯穿于贯通生物课程的教学中。如设计遗传咨询的学生活动,让学生分别扮演遗传基因咨询师和新婚夫妇,遗传基因咨询师将根据新婚夫妇的患病情况给出合理的建议。通过这样的情景模拟,让学生对遗传基因咨询师的工作有了一个初步的认识和体验。同时,加深学生对知识的理解,引导学生运用所学的生物学知识解决现实生活中的实际问题,更好地做到学以致用。

【生物案例六】

内环境稳态的重要性

【案例目标】

1. 说明内环境稳态及其生理意义,简述稳态的调节机制;

2. 培养学生理论联系实际的能力,提高学生分析问题、解决问题的能力;

3. 认同内环境稳态的重要性,树立健康意识。

【案例知识点】

1. 内环境稳态的概念;

2. 内环境稳态的调节机制;

3. 内环境稳态的重要意义。

【教学过程】

教学环节	教师活动				学生活动
导入新课	[图片展示]某人血液生化六项检查化验单				学生思考回答问题,带着兴趣开始新课程的学习
	项目	测定值	单位	参考范围	
	丙氨酸氨基转移酶 ALT	35	IU/L	0～45	
	肌酐 CRE	1.9	mg/dL	0.5～1.5	
	尿素氮 DUN	14.6	mg/DL	6.0～23.0	
	血清葡萄糖 GLU	223	mg/dL	60～110	
	甘油三酯 TG	217	mg/dL	50～200	
	总胆固醇 TCH	179	mg/dL	150～220	

教学环节	教师活动	学生活动
导入新课	问题1：为什么血浆的生化指标能反映机体的健康状况？ 问题2：每种成分的参考值（即正常值）都有一个变化范围，这说明什么？ 问题3：从化验单上可以看出哪几种成分超出正常范围？这可能会对人体造成什么不利影响？	
新课探究	一、稳态 [学生展示]体温的日变化规律 [教师总结]健康人的体温约为37℃，处于动态平衡中。 1. 同一个人在不同的时刻体温会有不超过1℃的变化。 2. 因年龄、性别不同，不同人的体温会存在微小差异。 3. 人的体温会随着外界环境气温变化产生微小变化。 [讲述]正常机体通过调节作用，使各个器官、系统协调活动，共同维持内环境的相对稳定状态，叫作稳态。 二、稳态的调节机制 [提问]内环境的稳态是如何实现的？ [讲述]内环境稳态是在神经系统、免疫系统和体液调节的共同作用下，通过机体各器官、系统分工合作、协调统一实现的。 [提问]稳态是否会出现失调的情况？	学生课前调查家庭成员一日内的体温变化情况，完成调查表，上课时进行展示，并总结人体体温的日变化规律 学生深入思考，结合生物学知识回答问题

续表

教学环节	教师活动	学生活动
新课探究	[讲述]外环境变化过于剧烈(外因),或人体调节功能出现障碍(内因),内环境的稳态就会遭到破坏,出现稳态失调。 [讨论分析] 1. 有人在青藏高原会出现头痛、乏力、心跳加快、血压升高等症状,这是为什么?这说明内环境稳态与外界环境之间有什么关系? 2. 夏天天气炎热,很多人喜欢吹空调,但是长期使用容易引起"空调病"。尝试从内环境稳态失调的角度,分析"空调病"的原因。 三、稳态的重要意义 [提问]机体为什么要维持内环境的稳态? [讲述]内环境稳态是机体进行正常生命活动的必要条件。 1. 渗透压:维持组织细胞的结构与功能。 2. 适宜的体温和pH:酶活性和细胞代谢正常。 3. 正常的血糖和含氧量:保证机体能量供给。 4. 代谢产物过多:使机体中毒。 5. 内环境稳态失调:引起细胞代谢紊乱甚至导致疾病发生	学生相互交流讨论,思考回答问题 学生深入思考,结合生物学知识回答问题
布置作业	介绍两种与稳态失调相关的疾病,并给出预防内环境稳态失调、保持机体健康的建议	学生运用所学知识完成作业

【教学素材】

素材一：

体温的日变化规律：学生家庭成员一日内体温变化调查表。

素材二：

讨论分析：两种常见的与稳态失调相关的疾病。

1. 有人在青藏高原会出现头痛、乏力、心跳加快、血压升高等症状，这是为什么？这说明内环境稳态与外界环境之间有什么关系？

2. 夏天天气炎热，很多人喜欢吹空调，但是长期使用容易引起"空调病"。尝试从内环境稳态失调的角度，分析"空调病"的原因。

【案例分析】

生物来源于生活，又回归于生活，只有将生物知识融入于生活和社会，才能激发学生的求知欲和学习兴趣，才能让学生学会通过生物视角认识世界。如教师通过组织学生调查家庭成员一日内体温变化情况，总结人体体温的日变化规律，引导学生认识内环境稳态动态变化的特点，在增强学生的学习和探究兴趣的同时，让学生获得自己独特的对生物学的体验和理解。

生活中一些常见的疾病都是由人体稳态失调而引起的，教师可以合理引入常见的与稳态失调相关疾病的事例，组织学生进行交流讨论。结合生活中的常见事例进行分析其实也是另一种形式的学以致用，通过鼓励学生提问出题、讨论分析、解决问题，启发学生的思维，调动学生主动参与学习活动，引导学生树立健康意识和观念，更好地运用生物学知识解决生活中的实际问题。

【生物案例七】

生态系统的稳定性

【案例目标】

1. 说明生态系统稳定性的概念和表现,简述提高生态系统稳定性的措施;
2. 培养学生合作学习的意识,提高学生获取新知识的能力;
3. 形成生命科学价值观,树立人与自然和谐发展的观念。

【案例知识点】

1. 生态系统的稳定性的概念;
2. 抵抗力稳定性和恢复力稳定性;
3. 提高生态系统的稳定性。

【教学过程】

教学环节	教师活动	学生活动
导入新课	［讲述］ 1. 党的十九大报告指出:必须树立和践行绿水青山就是金山银山的理念,坚持节约资源和保护环境的基本国策,像对待生命一样对待生态环境。 2. 2018 年北京高考作文题:生态文明建设关乎中华民族的永续发展,优美生态环境是每一个中国人的期盼。请展开想象,以"绿水青山图"为题,写一篇记叙文,形象展现人与自然和谐相处的美好图景。	学生结合自己的生物学知识和生活经验思考回答问题,带着兴趣学习新知识

教学环节	教师活动	学生活动
导入新课	[提问] 1. 你如何理解"绿水青山就是金山银山"？ 2. 你心中的"绿水青山图"是什么样子的？ [教师总结]建设生态文明是当今时代发展的重要主题。人与自然是生命共同体,尊重自然、保护自然,维持生态系统的稳定性,我们每个人都是行动者	
新课探究	一、生态系统的稳定性的概念 [讲述]生态系统所具有的保持或恢复自身结构和功能相对稳定的能力,叫作生态系统的稳定性。 [提问]当你感冒后,是否只有吃药才能好？为什么？ [讲述]生态系统和人体一样,都具有自我调节能力。当生态系统受到外界干扰时,可以依靠自我调节维持相对稳定。但是,生态系统的自我调节能力不是无限的,如果外界干扰强度超过了自我调节限度,生态系统将很难恢复到原来的状态。 [提问]同学们,能举几个生态系统自我调节的例子吗？ 二、生态系统的稳定性的表现 [资料分析]话说乾隆下江南时,来到了苏州。看到水乡人家上游淘米洗菜,下游洗澡洗衣,可即便如此,水仍然很清澈。这番景象让乾隆大为惊奇。可是,	学生回答不是,因为人体有免疫系统,可以进行自我调节 学生回答河流受到轻微污染时可进行自我调节消除污染;森林经历大火后,通过自我调节能够迅速长出新植株

教学环节	教师活动	学生活动
新课探究	他也发现苏州虎丘外围的河流被众多染坊流出的废水污染,河流肮脏不堪、臭气熏天,于是他立即下令严禁商贾平民在虎丘一带开设染坊。迫于官府的法令,虎丘一带原有的数十家染坊不得不搬迁至远离虎丘的苏州远郊,从此以后虎丘重现绿水青山。 问题1:水乡人在河流中淘米洗菜、洗澡洗衣,河水为何仍能保持清澈? 问题2:染坊停止排污后,虎丘外围的河流出现了的变化,这说明了什么? [讲述] 1. 抵抗力稳定性:生态系统抵抗外界干扰并使自身的结构与功能保持原状的能力。(抵抗干扰,保持原状) 2. 恢复力稳定性:生态系统在受到外界干扰因素的破坏后恢复到原状的能力。(遭到破坏,恢复原状) 3. 抵抗力稳定性和恢复力稳定性一般呈相反的关系。生态系统的组分越多,营养结构越复杂,自我调节能力越强(即抵抗力稳定性越高),遭到破坏后越难恢复(即恢复力稳定性越低)。 	学生合作学习,分析资料,相互交流讨论,回答出河流能够抵抗外界的干扰。河流受到外界干扰后,可以进行恢复

教学环节	教师活动	学生活动
新课探究	[练一练] 1. 热带雨林生态系统和人工林生态系统相比较,哪一种抵抗力稳定性更高? 2. 森林生态系统和草原生态系统,受到同等程度的干扰后,哪一种恢复的更快? 三、提高生态系统的稳定性 [提问]请同学们思考一下,我们如何提高生态系统的稳定性? [教师总结] 1. 控制对生态系统干扰的程度,对生态系统的利用应该适度,不应超过生态系统的自我调节能力。例如,适量砍伐森林中的树木,不会破坏森林的结构,还能促进森林更新;科学合理的载畜量,不会破坏草原,又可以获得畜牧产品。 2. 对人类利用强度较大的生态系统,应实施相应的物质、能量投入,保证生态系统内部结构与功能的协调。例如,定期对单一作物的农田生态系统进行灌溉和施肥;建立自然保护区或防护林	学生回答热带雨林系统抵抗力稳定性更高。草原生态系统恢复的更快 学生结合所学的生物学知识思考回答问题
布置作业	设计并制作生态瓶	学生运用所学知识完成作业

【案例素材】

素材一:

党的十九大报告指出:坚持人与自然和谐共生,加快生态文明体制改革,建设美丽中国。建设生态文明是中华民族永续发展的千年大计。必须树立和践行绿水青山就是金山银山的理念,坚持节约资源和保护环境的基本国策,像对待生命一样对待生态环境,统筹山水林田湖草系统治理,实行最严格的生态环境保护制度,形成绿色发展方式和生活方式,坚定走生产发展、生活富裕、生态良好的文明发展道路,建设美丽中国,为人民创造良好生产生活环境,为全球生态安全做出贡献。

素材二:

2018年北京高考作文题:生态文明建设关乎中华民族的永续发展,优美生态环境是每一个中国人的期盼。请展开想象,以"绿水青山图"为题,写一篇记叙文,形象展现人与自然和谐相处的美好图景。

素材三:

资料分析:话说乾隆下江南时,来到了苏州。看到水乡人家上游淘米洗菜,下游洗澡洗衣,可即便如此,水仍然很清澈。这番景象让乾隆大为惊奇。可是,他也发现苏州虎丘外围的河流被众多染坊流出的废水污染,河流肮脏不堪、臭气熏天,于是他立即下令严禁商贾平民在虎丘一带开设染坊。迫于官府的法令,虎丘一带原有的数十家染坊不得不搬迁至远离虎丘的苏州远郊,从此以后虎丘重现绿水青山。

【案例分析】

德育教育作为教育教学工作中重要的组成部分,日益受到人们的关注和重视。在贯通生物教学中,教师应注重充分挖掘、利用教学资源中的德育素材,坚持在教学中渗透德育教育,培养学生形成良好的道德品质,为学生的全面发展奠定良好的基础。如在讲授生态系统的稳定性时,引入党的十九大报告和2018年北京高考作文题目,启发学生思考绿水青山对人类生存和发展的重要意义,引导学生树立人与自然和谐发展的观念,强化学生的生态意识和环保意识,培养学生形成良好的价值观和社会责任感。

在讲授抵抗力稳定性和恢复力稳定性这部分内容时,教师给学生提供与教学内容相关的资料,指导学生进行合作学习。通过对资料进行学习和分析,培养学生获取新知识、分析问题和解决问题的能力。通过合作学习,引导学生学会参与、学会交流、学会分享,并在启迪思维的过程中,不断激发自身的潜能。

【生物案例八】

保护我们共同的家园

【案例目标】

1. 举例说明全球性生态问题,概述生物多样性的概念、价值及其保护措施;
2. 培养学生自主学习的意识,提高学生理论联系实际的能力;
3. 理解人与自然和谐发展的意义,树立可持续发展的观念。

【案例知识点】

1. 全球气候变化、臭氧层破坏、酸雨和生物多样性锐减;
2. 生物多样性的概念和价值;
3. 保护生物多样性。

【教学过程】

教学环节	教师活动	学生活动
导入新课	[视频]播放美丽中国视频片段 [讲述]"美丽中国"是中国共产党第十八次全国代表大会提出的概念,在十八大报告中首次作为执政理念出现,在十八届五中全会上,"美丽中国"被纳入"十三五"规划,首次被纳入五年计划,党的十九大报告中再次指出,加快生态文明体制改革,建设美丽中国。 [提问]大家心中的美丽中国是什么样子的?	学生结合生物学知识和自身体验思考回答问题,带着兴趣开始新课程的学习

续表

教学环节	教师活动	学生活动
导入新课	[教师总结]和谐是自然界最初的状态，也将是最终的状态。人类的生存和发展离不开我们的家园。只有尊重、保护大家共同的家园，我们才能拥有一个美丽中国，人类才能拥有一个充满生机、天人合一的美丽家园	
新课探究	一、关注全球性生态问题 [讲述]全球性生态问题主要包括全球气候变化、臭氧层破坏、酸雨、生物多样性锐减、水资源短缺、海洋污染等。 [学生展示]全球气候变化 [教师总结] 1. 形成原因：化石燃料大量使用、制冷剂的使用、航空业迅速发展产生过量的 CO_2、CH_4、N_2O 和氟氯代烷等。 2. 危害：冰川消退；海平面上升；荒漠化；影响农业生产等。 3. 解决措施：减少温室气体的排放；植树造林，增加对 CO_2 的吸收，开发新能源等。 [学生展示]臭氧层破坏 [教师总结] 1. 臭氧的作用：臭氧可以吸收来自太阳的大部分紫外线，使地球上的生物免遭伤害，所以臭氧层是地球的保护伞。 2. 臭氧层受损的原因：人类活动排入大气的氟氯代烃和含溴的卤代烷烃等与臭氧发生反应，使臭氧层受损。	学生课前分组查阅课外资料，结合教材上的内容，分别讲解全球气候变化、臭氧层破坏、酸雨和生物多样性锐减

教学环节	教师活动	学生活动
新课探究	3. 危害：削弱人体免疫力、引起白内障和皮肤癌；导致农产品减产、品质下降；减少渔业产量；破坏森林等。 4. 解决措施：人类共同采取"补天"行动：签订了《保护臭氧层维也纳约》《关于消耗臭氧层物质的蒙特利尔议定书》等国际公约。 ［学生展示］酸雨（pH < 5.6 的雨水） ［教师总结］ 1. 形成原因：化石燃料的燃烧导致 SO_2、氮氧化物等的增多。 2. 危害：导致土壤贫瘠、粮菜减产；森林衰退；建筑物腐蚀、文物面目皆非；鱼虾绝迹、变成死湖；引起人类肺水肿、肺硬化甚至癌变。 3. 解决措施：使用燃煤脱硫技术，减少 SO_2 的排放；工业废气处理后再排放；使用清洁能源等。 ［学生展示］生物多样性锐减 ［教师总结］ 1. 生物圈内所有的植物、动物和微生物，它们所拥有的全部基因以及各种各样的生态系统，共同构成了生物多样性。 2. 生物生存环境的改变和破坏；人类掠夺式的开发和利用自然资源；环境污染；外来物种入侵等导致生物多样性锐减。 二、保护生物多样性 ［讲述］生物多样性的价值：潜在价值、间接价值和直接价值。	

教学环节	教师活动	学生活动
新课探究	[提问]我们如何保护生物多样性？ [教师总结] 1. 就地保护：在原地对被保护的生态系统或物种建立自然保护区以及风景名胜区等。 2. 易地保护：把保护对象从原地迁出，在异地进行专门保护。 3. 建立精子库、种子库等，利用生物技术对濒危物种的基因进行保护。 4. 协调好人与生态环境的关系，加强立法、执法和宣传教育。 5. "合理利用就是最好的保护"，保护生物多样性需要全球合作。 三、可持续发展——人类的必然选择 [讲述]在不牺牲未来几代人需要的情况下，满足我们这代人的需要，追求一种自然、经济、社会持久而协调的发展	学生深入思考，结合生物学知识回答问题 学生认真听讲，结合所学的生物学知识，深入理解可持续发展是人类的必然选择
布置作业	保护我们共同的家园，我们可以做些什么？	学生运用所学知识完成作业

【教学素材】

素材一：

第一部表现中国野生动植物和自然人文景观的大型电视纪录片——美丽中国。

素材二：

美丽中国："美丽中国"是中国共产党第十八次全国代表大会提出的概念，在十八大报告中首次作为执政理念出现，在十八届五中全会上，"美丽中国"被纳入"十三五"规划，首次被纳入五年计划，党的十九大报告中再次指出，加快生态文明体制改革,建设美丽中国。

素材三：

学生展示:学生讲解全球气候变化、臭氧层破坏、酸雨和生物多样性锐减。

【案例分析】

贯通生物教学始终倡导德育为先、能力为重、全面发展的教育理念,将知识传授、能力培养和德育教育有机结合起来,培养德才兼备的贯通人才。如在本节课的教学中,播放纪录片美丽中国,介绍美丽中国的由来,引导学生深刻认识美丽家园对人类生存和发展的重要性,理解"天地与我并生,而万物与我为一"的哲学观念,并从我做起,付诸实际行动,保护我们赖以生存的美丽家园。

对于"关注全球性生态环境问题"这部分内容,采用学生主讲的方式,教师则给学生提供充分展示自我的平台。学生在教师的组织下,针对全球气候变化、臭氧层破坏、酸雨和生物多样性锐减进行研究性学习。这种方式充分发挥了教师的主导作用和学生的主体作用,将学生引向知识,形成良好的教与学的互动过程,让学生真正体会到学习的乐趣。

【生物案例九】

抗生素的合理使用

【案例目标】

1. 说明抗生素的概念及作用机制,概述合理使用抗生素的措施;

2. 培养学生发现问题、分析问题的能力,提升学生运用生物学知识解决实际问题的能力;

3. 认识生物科学与人体健康的关系,树立健康观念。

【案例知识点】

1. 抗生素的概念及作用机制;

2. 合理使用抗生素的措施。

【教学过程】

教学环节	教师活动	学生活动
导入新课	[药物展示]人们常用的抗生素药物 [提问] 1. 大家知道这些是什么药物吗? 2. 你知道人类发现的第一种抗生素是什么吗?	学生思考后回答展示的药物是抗生素。人类发现的第一种抗生素是青霉素
新课探究	一、抗生素史话 [学生展示]抗生素的发展历史 二、抗生素的作用机制 1. 抗生素的概念 [提问]抗生素是生活中非常常见的一类药物。从生物角度分析,我们如何定义抗生素?	学生展示查阅整理的资料,介绍抗生素的发展历史 学生学习新内容,结合生物学知识思考回答问题

续表

教学环节	教师活动	学生活动
新课探究	[讲述]抗生素是指微生物在代谢过程中产生的,能抑制或杀灭其他种类微生物的化学物质。 2. 抗生素的作用机制 [提问]抗生素是如何发挥作用的? [讲述]结合对细菌致病过程的分析,具体讲解抗生素的作用机制。抗生素通过抑制细菌细胞壁合成、影响细胞膜通透性、干扰蛋白质合成、抑制 DNA 合成等方式干扰病原微生物的代谢过程而影响其结构和生理功能。 三、合理使用抗生素 [提问]抗生素的使用是否会产生不好的影响? [讲述]不合理使用抗生素可能会导致细菌产生耐药性。 [资料分析] 1. 甲生病时,医生给他开了6天的抗生素药物。甲服用4天后病情好转,自行停止服药,并将药物保留,准备下次生病时再使用。 2. 乙患了轻微的普通感冒,就立即使用抗生素,并要求使用最新的抗生素。 3. 丙长期使用加入抗生素成分的洗手液,觉得这样洗手更干净、除菌效果更好。 4. 丁为了饲养的动物不生病,让动物食用添加抗生素的饲料。	学生分组交流讨论,分析4种使用抗生素的事例是否合理,总结如何合理使用抗生素

教学环节	教师活动	学生活动
新课探究	问题1：上述使用抗生素的事例是否合理？ 问题2：我们应该如何合理使用抗生素？ [教师总结]合理使用抗生素的措施 1.　生病时应经专业医生明确诊断，在医生的指导下使用抗生素。 2.　在日常生活中必须控制使用含有抗生素的清洁用品。同时，瓜果蔬菜食用前应充分洗涤，以除去残留的耐药性细菌和抗生素。 3.　在种植业和畜牧业生产中应尽量控制抗生素的使用，并加强农畜产品中抗生素含量的检测	
布置作业	向身边的家人和朋友宣传讲解合理使用抗生素	学生运用所学知识完成作业

【教学素材】

素材一：

科学史：抗生素的发展历史。

1.　1928年，英国细菌学家弗莱明发现青霉素能有效地杀死细菌。

2.　1941年，英国剑桥大学的科学家弗洛里和钱恩研究出大规模生产青霉素的方法。

3.　1943年，青霉素用于临床治疗。

4.　1944年，科学家发现了链霉素，从此打破了"痨病无药可医"禁区。

5.　1947年发现氯霉素；1948年分离出金霉素；1950年提取出土霉素。

素材二：

资料分析：人们日常生活中4则常见的抗生素使用事例。

1.　甲生病时，医生给他开了6天的抗生素药物。甲服用4天后病情好转，自行停止服药,并将药物保留,准备下次生病时再使用。

2. 乙患了轻微的普通感冒,就立即使用抗生素,并要求使用最新的抗生素。

3. 丙长期使用加入抗生素成分的洗手液,觉得这样洗手更干净、除菌效果更好。

4. 丁为了饲养的动物不生病,让动物食用添加抗生素的饲料。

【案例分析】

生物科学史是生物教学中非常有教育价值的教学素材,教师应充分挖掘、利用生物教材中的科学史,引导学生带着好奇心去探索生命的奥秘。如教师在讲解抗生素的知识之前,让学生展示交流抗生素的发展历史。这种教学方式一方面有助于学生系统全面地学习知识,加深对知识的理解和记忆,另一方面有助于学生树立关注生物科学发展的意识,认同生物技术重要的科学价值和应用价值。

抗生素虽然是人们非常熟悉且经常使用的一种药物,但是依旧有包括学生在内的很多人不了解合理使用抗生素的原则,在日常生活中出现一些不合理使用抗生素的情况,给自身的健康带来隐患。因此,教师特别引入人们日常生活中4则常见的抗生素使用事例,组织学生讨论分析事例中抗生素的使用是否合理,进而总结出合理使用抗生素的措施。通过这种教学方式,将生物学知识和实际生活紧密联系在一起,激发了学生的学习兴趣,同时,引导学生树立健康意识,并将健康观念传递给身边的每一个人。

【生物案例十】

转基因技术在育种上的应用

【案例目标】

1. 简述转基因技术育种,举例说明转基因生物的实例;

2. 培养学生形成科学严谨的思维,提高学生的交流、表达能力;

3. 认同生物技术重要的科学价值和应用价值,科学理性地看待转基因生物的安全性。

【案例知识点】

1. 转基因技术;

2. 转基因生物的实例。

【教学过程】

教学环节	教师活动	学生活动
导入新课	[教师引入]展示转基因抗虫棉和普通棉对比图。 [提问]抗虫棉为什么能够起到抗虫作用? [讲述]科学家运用转基因技术,将苏云金芽孢杆菌的毒蛋白基因转入棉花中,棉花能够产生破坏鳞翅目昆虫消化系统的毒蛋白,从而起到抗虫的作用	学生结合已有的生物学知识和常识思考回答问题,带着兴趣学习新知识
新课探究	一、转基因技术育种 [提问]转基因是现在非常热门的一个话题,大家对转基因技术有多少了解?	

教学环节	教师活动	学生活动
新课探究	[讲述]转基因技术是指按照人们的意愿,把一种生物的某个基因克隆出来,加以修饰和改造,再转移到另一种生物的细胞里,从而定向地改造生物的遗传性状。 [动画展示]播放植物转基因技术流程 [讲述]转基因技术育种中非常重要的两个环节:目的基因的制备和目的基因的导入。操作流程:基因分离→基因导入载体→目的基因导入受体(农杆菌转化法、基因枪转化法)→转化组织或细胞→转化与未转化植株→转基因植株→选优 二、转基因植物的实例 [提问]大家知道哪些转基因植物? [讲述] 1. 第一例转基因植物——转基因烟草 现今全球转基因植物的种类已经超过200种,年种植面积已经突破了 $5×10^7hm^2$。 2. 转基因耐贮藏番茄 转基因耐贮藏番茄封闭了乙烯合成途径中关键酶的基因,没有或很少有乙烯合成,可以在常温下贮藏 2~3 个月。 3. 转基因抗虫作物 抗虫棉、抗虫玉米、抗虫杨树等。	1.学生学习新知识,并结合所学的生物学知识思考回答问题。 2.学生根据收集整理的资料展开辩论,各抒己见,探讨转基因生物的安全性。 学生认为转基因生物安全的理由: (1)科学家在进行研究时坚持严谨负责的科学态度。 (2)转基因生物都会经过多环节科学严谨的安全性评价。 (3)世界上有数以亿计的人食用转基因产品,但目前尚未发现影响人体健康的事例。 (4)如果没有足够的证据证明转基因生物存在安全问题,我们就应该判断它是安全的。 学生认为转基因生物不安全的理由: (1)转基因植物可能产生有毒性作用的蛋白质,食用这样的转基因植物会危害人的健康。 (2)大规模的转基因生物可能会破坏生态环境。 (3)外源基因导入生物体后,可能与感染生物体的某些细菌或病毒重组出有害的致病体。 (4)在对转基因动物进行研究时,可能会给动物带来伤害

续表

教学环节	教师活动	学生活动
新课探究	4．抗除草剂作物 在作物中转入抗除草剂基因,施用除草剂消除或控制杂草生长时,作物就不受损害,如抗除草剂玉米、油菜、水稻等。 三、转基因动物的实例 [提问]大家知道哪些转基因动物? [讲述]1982 年,美国科学家将大鼠的生长激素基因注射到小白鼠的受精卵中,获得了第一只"超级小鼠"。此后相继获得了转基因兔、绵羊、牛等动物,提高了动物的生长速率、产仔数或产蛋数、抗病能力,改善了肉的品质。 [课堂小辩论]转基因生物的安全性	
课堂小结	[总结] 1．转基因技术育种; 2．转基因植物和动物的实例; 3．转基因生物的安全性	学生回顾总结,更好地理解掌握本节课的内容

【教学素材】

素材一:

植物转基因技术流程的动画。

素材二:

课堂小辩论:转基因生物的安全性。

学生根据课外查阅整理的资料,围绕转基因生物是否安全展开辩论。

【案例分析】

本节课的内容与社会发展、科学技术和现实生活有着紧密的联系,能够很好地激发学生的学习兴趣。但转基因技术的原理和流程这部分内容对于贯通学生而言有一定的难度,所以教师选择结合多媒体动画进行具体讲解,增强教学内容的直观性和启发性,由浅入深,使学生能够从感性认识知识上升为理性理解知识。

生命科学与人类的生活生产关系密切,对人类社会生活的影响广泛而深远。转基因生物的安全性作为现在的热点问题之一,一直备受人们的关注。对于这部分内容,教师选择组织学生开展课堂小辩论,鼓励学生查阅收集与转基因生物安全性有关的课外资料,分析整理后形成自己的想法和观点,在课上与大家共同探讨、交流分享。采用这样的教学方式,有助于学生拓展自己的生物科技视野,增进学生对生物技术与社会发展的理解,循序渐进地培养学生的综合能力,提高学生的生物科学素养。

参考文献

[1]梁家峰."2+3+2"高端技术技能人才贯通培养的思考与实践[J].北京教育（高教版）,2015(9).

[2]王成荣,龙洋.对高端技术技能人才贯通培养的认识与思考[J].北京财贸职业学院学报,2015,31(6).

[3]吕一中,武飞,龙洋.高端技术技能人才贯通培养试验项目的人才培养改革探索[J].北京财贸职业学院学报,2016,32(1).

[4]北京市教育委员会关于开展高端技术技能人才贯通培养试验的通知(京教职成[2015]5号)[Z].

[5]夏飞.高端技术技能人才贯通培养试验项目基础教育阶段学生素养教育体系构建[J].北京财贸职业学院学报,2016,32(3):34-38.

[6]赵庶吏,高世吉等.对北京高端技术技能人才贯通培养试验项目的解析[J].北京农业职业学院学报,2017(2):91-94.

[7]刘兰明,王军红.高端技术技能人才贯通培养的顶层设计与实现路径[J].中国高教研究,2017(9):84-88.

[8]赵晓燕,王洪见,吕路平."2+3+2"贯通培养试验项目高端技术技能人才特质解析[J].北京财贸职业学院学报,2016(5):42-47.

[9]王洪见,李宇红,冉晶晶.高端技术技能人才培养中"扬长教育"的探索与实践[J].北京财贸职业学院学报,2018(5):52-55.

[10]郭元婕."科学素养"之概念辨析[J].比较教育研究,2004(11):12-15.

[11]刘雪云.在高中化学研究性学习中提高科学素养的质性研究[D].福州:福建师范大学,2015.

[12]郭思乐.论科学观念教育在学科教育中的地位[J].教育研究,1995(1):66-69.

[13]李发顺.重构学生主体课堂的思考——高中化学新课程教学设计[M].宁

波:宁波出版社,2014.

[14]人民教育出版社课程教材研究所化学课程教材研究开发中心.普通高中教科书化学必修(第一册)[M].北京:人民教育出版社,2019.

[15]人民教育出版社课程教材研究所化学课程教材研究开发中心.普通高中教科书化学必修(第二册)[M].北京:人民教育出版社,2019.

[16]刘旭,陈晨.在贯通培养试验项目基础教育阶段提升学生科学素养的初步探索[J].北京财贸职业学院学报,2017,33(5).

[17]王平杰.高中物理思想方法提炼与拓展[M].杭州:浙江大学出版社,2012.

[18]唐挈.高中物理实验有效教学设计及案例[M].北京:北京师范大学出版社,2013.

[19]姜建文.化学教学设计与案例研讨[M].北京:化学工业出版社,2012.

[20]人民教育出版社课程教材研究所物理课程教材研究开发中心.普通高中教科书物理必修(第一册)[M].北京:人民教育出版社,2019.

[21]人民教育出版社课程教材研究所物理课程教材研究开发中心.普通高中教科书物理必修(第二册)[M].北京:人民教育出版社,2019.

[22]马长义.浅谈生物教学中的科学素养教育[J].新课程研究,2010(173):178-179.

[23]张新丽.高中生物教学中科学方法教育现状的调查研究[D].吉林:东北师范大学,2011.

[24]张峰,李志香.走进高中生物教学现场[M].北京:首都师范大学出版社,2008.

[25]何耀华.高中生物学概念的理解性教学与案例[M].北京:知识产权出版社,2016.

[26]人民教育出版社课程教材研究所生物课程教材研究开发中心.普通高中教科书生物必修(第一册)[M].北京:人民教育出版社,2019.

[27]人民教育出版社课程教材研究所生物课程教材研究开发中心.普通高中教科书生物必修(第二册)[M].北京:人民教育出版社,2019.

[28]人民教育出版社课程教材研究所生物课程教材研究开发中心.普通高中教科书生物必修(第三册)[M].北京:人民教育出版社,2019.